預言書を味わう

鍋谷堯爾［著］
Nabetani Gyoji

飛鷹美奈子［協力］
Hidaka Minako

いのちのことば社

まえがき

十一年前の二〇〇四年四月に頸椎狭窄の手術を受け、右手にしびれをもったまま、飛鷹美奈子氏の原稿整理、資料整理の助けによって、『詩篇を味わうⅠ』を二〇〇五年十月に出版できた。その後、『詩篇を味わうⅡ』『詩篇を味わうⅢ』を刊行し、さらに『創世記を味わう』四巻、昨年八月には『イザヤ書を味わう』と続き、いま、『預言書を味わう』を出版できたことは感謝なことである。この間、十一年にわたって飛鷹氏の協力をいただいたことになる。

また、表紙のデザインを担当してくださった長尾優さん、独自の画法で挿絵を描いて協力してくれた二男の鍋谷めぐみにも感謝したい。いのちのことば社出版部の皆さんの変わらぬバックアップに感謝したい。

来年は、『旧約聖書を味わう』を出版し、あわせて、要望の大きい『詩篇を味わうⅠ』の再版をと願っている。

二〇一五年八月

鍋谷 堯爾

目次

挿画＝鍋谷めぐみ

Ⅰ 序論

「預言書」とは

「預言書を味わう」ためには、「預言書」とは何かが定義されていなければなりません。ただ、三大預言書と十二小預言書について考察すれば、それで十分とも言えません。現在、日本で用いられている聖書は、七十人訳ギリシャ語聖書の順序に従っていますが、もともとのヘブル語聖書は、「モーセ五書」、「預言書」、「諸文書」に分かれています。

「預言書」は、ヨシュア記、士師記、サムエル記、列王記から成る「前預言書」と、三大預言書（イザヤ書、エレミヤ書、エゼキエル書）と十二小預言書（ホセア書、ヨエル書、アモス書、オバデヤ書、ヨナ書、ミカ書、ナホム書、ハバクク書、ゼパニヤ書、ハガイ書、ゼカリヤ書、マラキ書）から成る「後預言書」で構成されています。

日本語聖書でエゼキエル書とホセア書の間に入っているダニエル書は、ヘブル語聖書では、「諸文書」の第九番目、エステル記の後に置かれています。この書は預言と黙示文学の両面をもっていますが、ある時期に律法学者によって諸文書に移されたと思われます。

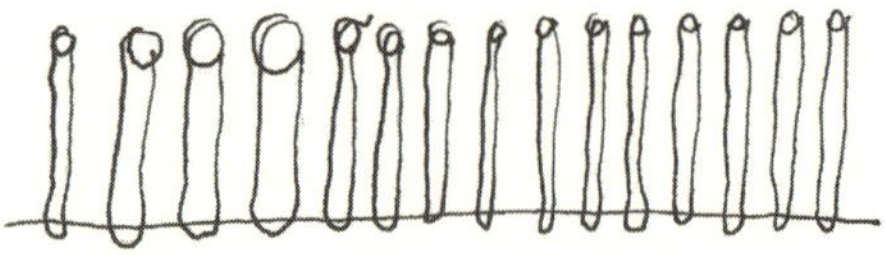

それでは、ヨシュア記、士師記、サムエル記、列王記がなぜ「前預言書」と呼ばれているのでしょうか。それは、「後預言書」の時代的背景を提供しているとともに、カナン入国から、バビロン捕囚までのイスラエルの歴史が「預言」であると理解されているからと考えられます。そうすると、三大預言書と十二小預言書が「預言」と呼ばれているよりも、はるかに広い意味がこの「預言」に含まれていることになります。さらに、「前預言書」と「後預言書」以外の書巻にも、「預言者」は現れます。

預言者モーセ

「前預言書」にも「後預言書」にも現れないけれども最も重要な預言者、それはモーセです。

「あなたの神、主は、あなたのうちから、あなたの同胞の中から、私のようなひとりの預言者をあなたのために起こされる。彼に聞き従わなければならない」(申命一八15)。

「モーセのような預言者は、もう再びイスラエルには起こらなかった。彼を主は、顔と顔とを合わせて選び出された」(同三四10)。

また民数記一二章6—8節では、モーセが他の預言者たちと区別されています。

「わたしのことばを聞け。もし、あなたがたのひとりが預言者であるなら、主であるわたしは、幻の中でその者にわたしを知らせ、夢の中でその者に語る。しかしわたしのしもべモーセとはそうではない。彼はわたしの全家を通じて忠実な者である。彼とは、わたしは口と口とで語り、明らかに語って、なぞで話すことはしない。彼はまた、主の姿を仰ぎ見ている」（民数一二6―8）。

ホレブ山での神顕現から始まって、エジプトからのイスラエルの解放、シナイ山での十戒の授与、四十年の荒野の旅はすべて、旧約聖書の救済史の型であり、実際の歴史であるとともに、新約聖書において、神の民が罪の縄目から解放され、サタンの攻撃から守られるモデルを示しています（Iコリント一〇1―11）。

「あなたの神、主は、あなたのうちから、あなたの同胞の中から、私のようなひとりの預言者をあなたのために起こされる」（申命一八15）の預言は、イエス・キリストが来られることによって成就しました。ヘブル人への手紙の著者は、モーセとイエスを比較して次のように言っています。

「モーセが神の家全体のために忠実であったのと同様に、イエスはご自分を立てた方に対して忠実なのです」（三2）。

さらに続いて、「モーセは、しもべとして神の家全体のために忠実でした。それは、後に語られる事をあかしするためでした。しかし、キリストは御子として神の家を忠実に治められるのです」（同5―6節）。

ここの「神の家全体のために」（エン・ホロー・トー・オイコー）と訳されている言葉は、「神の家全体の中で」と訳すべきでしょう。一方、キリストは「御子」として「神の家を忠実に治められるのです」と言われていますが、「神の家を」の「を」は「エピ」です。ヘブル人への手紙の著者は、モーセについては前置詞「エン」（の中で）を使っているのに対して、キリストについては前置詞「エピ」（を）を用いて、意識的に使い分けています。モーセはあくまでもイスラエルの民の一人ですが、キリストは、信仰者の共同体である「神の家」を永遠の大祭司として治められるからです。

イエスは祈るために、しばしば山に登られました。あるとき三人の弟子たちを連れて夜を徹して祈り、真夜中に弟子たちが眠ってしまったときに、御姿が変わり、モーセとエリヤが現れてイエスと話をしていました。その内容は「イエスがエルサレムで遂げようとしておられるご最期についていっしょに話していたのである」（ルカ九31）と言われています。「ご最期」と訳されている言葉は、ギリシャ語では「エクソドス」（出エジプト）です。モーセは、奴隷であったイスラエル人をエジプトから解放しました。ところが、イエスは罪のとりこになっている全人類を、十字架の上で流される贖いの血によって救い出されるのです。

「預言」「預言書」「預言者」の語源

「預言」「預言書」「預言者」を語源的に調べると、それは多岐多様にわたっています。

動詞「ナーバー」（預言する）

このことばは受身形で八七回用いられています。しかし、受身の意味はなく、「預言する」という能動の意味で用いられています。また、再帰形で、二八回用いられ、一番初めに出てくるのは民数記一一章です。いずれも「預言した」と訳されています（25、26、27節）。サムエル記第一には九回用いられており、八回は「預言した」と訳されていますが、一八章10節では、サウルが「狂いわめいた」と訳し、欄外注に「あるいは『預言した』」と記されています。列王記第一では四回用いられていますが、バアルの預言者たちの場合には、「騒ぎ立てた」（一八29）と訳されています。

そのほか、エレミヤ書に四回、エゼキエル書に二回、エズラ記に二回、歴代誌に四回用いられていますが、いずれの場合も「預言する」と訳されています。

列王記第一、二二章では、アハブ王とヨシャパテ王がアラムと戦うために出かけて行きますが、二人の王はまず預言者たちを集め、戦いの行方について預言させました。そのとき、四〇〇人の預言者たちが勝利を預言しましたが、イムラの子ミカヤだけは敗戦を預言しました。ここで、受身形は一回（11節）、再帰形は三回（7、9、17節）用いられていますが、どのように使い分けがなされているのか判断することは困難です。

サムエル記第一、一九章20、21、23節でも再帰形が四回用いられていますが、それ以外に「預言者の一団が預言しており」（20節）には受身形が使われています。再帰形が使われている場合は、強い恍惚状態を指すのか、激しい霊の働きを表しているのか、確かなことは言えません。

たとえば、エレミヤ書二六章20節では、「ほかにも主の名によって預言（再帰形）している人がいた。すなわち、キルヤテ・エアリムの出のシェマヤの子ウリヤで、彼はこの町とこの国に対して、エレミヤのことばと全く同じような預言（受身形）をしていた」と言われていますが、前の再帰形によってウリヤの強烈な預言の仕方を表し、後者の受身形は、エレミヤの預言と同じ内容を指していると説明もされますが、確かなことは言えません。

「ナーバー」の受身形は、圧倒的に、エレミヤ書とエゼキエル書に集中しています。旧約聖書八七回中、エレミヤ書に三五回、エゼキエルにも三五回です。そのほかでは、サムエル記第一、一〇章11節、一九章20節、列王記第一、二二章12節、歴代誌第二、一八章11節、またアモス書二章12節、三章3節、七章12、13、15、16節、ヨエル書二章28節、ゼカリヤ書一三章3、3、4節に用いられています。イザヤ書、ホセア書、ハバクク書には一回も用いられていません。歴代誌第一、二五章1、2、3節では、賛美と並列して用いられていますが、預言、すなわち賛美であった可能性もあります。

名詞形「ナービー」（預言者）

このことばが一番初めに出てくるのは、神が夢の中でゲラルの王アビメレクに現れ、「あの人

（アブラハム）は預言者です」と告げるところです（創世二〇7）。けれども、この「ナービー」は本質的には、神がご自分の民を奴隷から解放し、約束の地に導かれるために召し出された特別の人物「預言者モーセ」を意味します。

出エジプト記七章で、主がモーセをパロのもとに遣わされるとき、こう言われました。「見よ。わたしはあなたをパロに対して神とし、あなたの兄アロンはあなたの預言者となる」（出エジプト七1）。

ここで、モーセとパロとの関係は、神と人との関係ですが、アロンは預言者としてモーセとパロの仲介の働きであったことがわかります。モーセが「預言者」と呼ばれるのは、旧約聖書全体のメッセージと関わった本質的な意味で用いられていますが、アロンがそう呼ばれるのは、モーセから神のことばを聞いて、それを忠実にパロに伝えるという意味においてです。

出エジプト記四章を見ると、そのことはさらに明らかです。モーセが神の山ホレブで燃える柴の中から語られる神の声を聞き、奴隷の地エジプトからイスラエルの民を導き出すようにとの命を受けたとき、彼は、自分の口が重く、舌も重いと言って断ります。これに対し、主は、モーセの不信仰を責め、兄アロンを遣わすから彼に語らせなさいとお命じになりました。「あなたが彼に語り、その口にことばを置くなら、わたしはあなたの口とともにあり、彼の口とともにあって、あなたがたのなすべきことを教えよう。彼があなたに代わって民に語るなら、彼はあなたの口の代わりとなり、あなたは彼に対して神の代わりとなる」（15―16節）。

ここでは、「預言者」ということばは出てきませんが、出エジプト記七章と合わせて見るとき、アロンの働きが「預言者」の働きであることは明らかです。彼は、モーセの口となり、モーセから与えられたことばをそのまま、民とパロに伝えたのです。

このことは、エレミヤの召命にも見ることができます。エレミヤは胎内に形造られる前から、神に知られ、胎から出る前から聖別され、国々への預言者とされていました。それは、主が語られることばをあまさず語るためでした（エレミヤ一17）。そのことは「神の口」となることでした（同一五19）。この点から見るならば、「預言者」の本質は、彼の働きや、預言に関わる諸現象よりも、預言者と神との関係にあることがわかります。預言者とは「神の口」なのです。神に代わり、神の授けたことばを、そのまま伝えることなのです。

ローエー（予見者）

「ローエー」は動詞「ラーアー」の名詞形です。「ラーアー」（見る）は旧約聖書では約千百回用いられ、一般的な「見る」という意味です。名詞「ローエー」（予見者）は一一回用いられています（Iサムエル九9、9、11、18、19、I歴代九22、二六28、二九29、II歴代一六7、10、イザヤ三〇10）。このうちサムエル記第一と歴代誌第一の八回はすべてサムエルについて用いられ、あとは歴代誌第二のハナニだけです。歴代誌第一、二九章29節では、同じ預言者でありながら、サムエルは予見者、ナタンは預言者、ガドは先見者と呼ばれています。そこで、サムエル記第一、九章から、なぜサムエルが予見者と呼ばれているのかを考察してみましょう。
サウルと若者は雌ろばがどこかに行ってしまったので、サムエルのところにやって来ました。彼らは三日間、エフライムの山地と、シャリシャの地を捜しましたが、見つからなかったので、サムエルのところにやって来るわけです。若者はサウルに言いました、「ご覧ください。私の手に四分の一シェケルの銀があります。私がこれを神の人に差し上げて、私たちの行く道を教えてもらいましょう」（8節）。9節を見ると、「昔イスラエルでは、神のみこころを求めに行く人には、『さあ、予見者のところへ行こう』と言った。今の預言者は、昔は予見者と呼ばれていたからである」と記されています。サムエル記の書かれたのは、ダビデ時代以後と思われ、その時すでに「預言者」ということばが定着していたけれども、サムエルの時代には「予見者」ということばが用いられていたと考えることができます。しかし、サムエル記第一、一〇章5節では、サムエル自身が「預言者」ということばを用いていますから、サムエルは「神の人」「預言者」と呼ばれつつ、同時に「予見者」として、失われた物を見いだし、人の運命を予見する能力もあったと考えられます。

「ホーゼー」（先見者）

これは一七回用いられています（Ⅱサムエル二四11、Ⅱ列王一七13、Ⅰ歴代二一9、二五5、二九29、イザヤ二八15、三〇10、アモス七12、ミカ三7ほか）。イザヤ書二八章15節は「同盟」と訳され、新改訳の欄外注に「『先見者』の読み替え」と記されています。名詞「ホーゼー」(先見者)の動詞「ハーザー」は旧約聖書中五五回用いられ、一般的な「ラーアー」(見る)よりももっと「深く見る」とか、「見通す」という語感があります。しかし、「先見者」のほうが、「予見者」よりも「もっと深く見る者」とまで言いきることはできません。イザヤ書三〇章10節を見ると、ほとんど同義に用いられています。

「ホーゼー」の動詞「ハーザー」は、イザヤ書一章1節と二章1節に用いられています。ところが、同じ「ハーザー」を新改訳では、一章1節では「見た」と訳し、二章1節では「示された」と訳しています。なぜでしょうか。それは一章1節では、イザヤは幻を見たと言われているので、「見た」でよいのでしょうが、二章1節では、「ことばを見た」ではおかしいので、「ことば」に「先見」を補って、「エルサレムについて示された先見のことば」と訳しているからです。本質的に言えば、預言者は「神のことば」を聞き、また、見もします。「神の幻」を見、また聞きもします。一章2節以下の内容、また二章1節以下の内容を見ると、それは、描写的であって視覚に訴えるものもあるし、声として聴覚に訴えるものもあります。預言者が神のメッセージを受容する器官は、「耳」でもあり、「目」でもあります。また時には、「鼻」であり、「口」であり、「全身」でもあります(イザヤ六章の召命体験を参照)。

以上の「預言者」「予見者」「先見者」の用語のほかに、一般的な用語が用いられることがあります。これらが他の意味に用いられる場合もありますが、文脈から「預言者」を意味することがあります。「神の人」「霊の人」「使者」「使い」「しもべ」などです。

「イーシュ・エロヒーム」（神の人）

このことばは旧約聖書中六五回用いられています。御使いについて士師記一三章6、8節に、モーセについて申命記三三章1節に、ダビデについては歴代誌第二、八章14節、ネヘミヤ記一二章24、36節に用いられています。預言者の意味では次の箇所に用いられています。サムエル記第一、二章27節、九章6、7、8、10節、列王記第一、一二章22節、一三章1、4、5、6節、列王記第二、一章9、10、11、12、13節、四章7、16、21節などです。

「イーシュ・ハールーァハ」（霊の人）

これはホセア書九章7節のみに出てくることばです。預言者と並列して用いられており、文脈から預言者を指すことがわかります。さばきの日に、単なる「狂った者」になるということですから、聖霊や神の霊に満たされた人というよりも、霊が下って恍惚状態になって預言をするというのが、人々に「霊の人」という印象を与え、そう呼ばれたと考えられます。

「マルアーク」（使者）

「マルアーク」は「預言者」の意味で、歴代誌第二、三六章15、16節、イザヤ書四四章26節、マラキ書三章1節に用いられています。また、一般的な使者の意味では約一〇〇回、御使いについて約九〇回用いられています。

「シャーロァハ」(使い)

これは動詞「シャーラフ」(送る)に由来し、歴代誌第二、三六章15節にだけ預言者について用いられています。イザヤ書八章6節に、神から送られた、きよいゆるやかな「シロアハの水」が言われていますが、同じ語源です。「使者」も「使い」も、預言者について用いられたのは、彼らが自分の意志で行動し、預言するのではなく、神によって遣わされた者であることを示すためです。

「エベド」(しもべ)

このことばは旧約聖書中、約八〇〇回用いられています。普通、「しもべ」「奴隷」「家来」「役人」などと訳されますが、イザヤ書五二章13節などの「しもべのうた」で用いられるとき、旧約神学において最も重要なことばになっています。

預言者については、次の諸例があります。列王記第一、一四章18節では預言者アヒヤに、列王記第二、九章7節ではイゼベルによって殺された預言者たちに、また、エレミヤ書二五章4節、二九章19節、三五章15節、ダニエル書九章6、10節、アモス書三章7節、ゼカリヤ書三章8節では、預言者たち一般について用いられています。

このことばについて考えるとき、陥りやすい誤解は、「しもべ」という語感にとらわれて、従属関係のみを考え、代理者として働く活動面を見落としやすいということです。「しもべ」が預言者の意味で用いられている場合も、預言者の熱心さや、神への従順さよりも、むしろ「神の口」として、神に代わって語る活動面をまず考えなければなりません。

そのほかに、預言者をたとえて、「ツォーフェ」(見張り人)が、イザヤ書五二章8節、五六章10節、エレミヤ書六章17節、エゼキエル書三章17節、三三章7節、ミカ書七章4節、また、「シヨーメール」(見張り人)がイザヤ書六二章6節、「ハーマーズキリーム・エト・アドーナーイ」(主に覚えられている者)が同じイザヤ書六二章6節に用いられています。

結論的にいうならば、「預言者」とか「予見者」などの用語には、「将来についての預言」とか、預言をする場合の恍惚状態に強調点があるのではなく、神との関係にある人物を指しています。神はご自分を隠されたお方ですから、預言者は「神の口」として遣わされた者を意味します。預言者とは、神と人との仲介者という意味です。その場合の強調点は、「人―預言者―神」の順序ではなく「神―預言者―人」です。

以上の序論的考察を背景に、個々の預言者を概観してみましょう。

旧約の預言者たち

アブラハム

創世記二〇章7節で、アブラハムは「預言者」と呼ばれています。アブラハムがゲラルに滞在していたときに、ゲラルの王アビメレクは、アブラハムの妻サラを自分の妻として召し入れましたが、夢の中で神が現れ、アブラハムが「預言者」であり、アブラハムに祈ってもらうように告げられました。文脈から見て、「預言者」は「祈る人」の意味のようですが、モーセ以前のことで、明確な定義をくだすことは困難です。

モーセ

モーセはラメセス二世の時代に生まれたと考えられています。出エジプト記一章11節のラメセスという町の名は、ラメセス二世（前一二九〇―一二二四年）にちなんでつけられたものといわれています。列王記第一、六章1節に「イスラエル人がエジプトの地を出てから四百八十年」といわれていますが、逆算すると前一四四〇年になります。普通は、ラメセス二世統治下の前一二五〇年ごろに出エジプトが行われたとされています。

モーセは生まれてまもなく、ナイル川に捨てられました。幸運にも、パロの娘に拾われ、「水の中から、私がこの子を引き出したのです」と言って「モーセ」と名づけられました。やがてモーセはイスラエルの同胞を救うためにエジプト人を殺し、ミデアンの地に逃れます。

エジプトで四十年、ミデアンの地で四十年と言われていますが、そうすると、ホレブ山で召命を受けたときに、八十歳であったことになります。これは、象徴的な意味をもつ数字で、実際は、もっと少ない年月であったでしょう。また、荒野の四十年も実際はもっと短い期間であったでしょう。民数記二章32節の出エジプトの時の軍団総数「六十万三千五百五十人」も、実際の数は千人に満たなかったと思われます。

重要なことは、パウロがコリント人への手紙第一、一〇章で述べているように、奴隷の地からモーセによって解放されたイスラエル人が、新約のバプテスマにあたる紅海を渡る体験をし、シナイ山のふもとで、モーセから十戒を授かったことです。

「モーセという人は、地上のだれにもまさって非常に謙遜であった」（民数一二3）。

神はこのモーセを召して出エジプトの大事業を達成させ、カナンの地までイスラエル人を導きました。

「モーセが死んだときは百二十歳であったが、彼の目はかすまず、気力も衰えていなかった」（申命三四7）。

アロン

「あなたの兄、レビ人アロンがいるではないか。わたしは彼がよく話すことを知っている。今、彼はあなたに会いに出て来ている。あなたに会えば、心から喜ぼう。あなたが彼に語り、その口にことばを置くなら、わたしはあなたの口とともにあり、彼の口とともにあって、あなたがたのなすべきことを教えよう」（出エジプト四14―16）。

「見よ。わたしはあなたをパロに対して神とし、あなたの兄アロンはあなたの預言者となる」（同七1）を合わせて考察すると、アロンは「モーセの代弁者」として「預言者」と呼ばれていることがわかります。しかし、その職務は大祭司の働きで、シナイ山のふもとでイスラエル人が神の民として組織されたときに、大祭司に任命され、彼の子孫は世襲の祭司職を継ぐことになりました（出エジプト二八章以下）。

彼は、モーセがシナイ山に登って律法を授かっている間に、民に迫られて金の子牛を作り（出エジプト三二章）、また弟のモーセをねたんで中傷したりする（民数一二章）、欠陥の多い人物であったことがわかります。

ミリヤム

聖書の中で初めて「女預言者」と呼ばれています（出エジプト一五20）。出エジプト記一五章では、音楽隊の指揮者であることしかわかりませんが、預言と音楽は結びついていたと思われます。

彼女も弟モーセをねたんで中傷したので、神のさばきを受け、やがてカデシュで死に、葬られます（民数二〇1）。ミカ書六章4節に、モーセ、アロンと併記されているので、伝承の人物として後世に伝えられたことがわかります。

デボラと、ひとりの預言者

モーセが死んだ後、ヨシュアを先頭にしてイスラエルはカナンに侵入しましたが、ダビデがカナン全土を支配するまでには、二百年ほどかかり、それまで各部族は、先住のカナン人の間の狭い地域にばらばらに住んでいました。ヨシュア記や士師記に記されている物語は、一部族や二部族の話を、あたかもイスラエルの民全部のことのように叙述しています。

デボラは、「ラピドテの妻で女預言者デボラがイスラエルをさばいていた」（士師四4）と言われていますが、実際には、ガリラヤ湖の西、ゼブルンとナフタリの地域に限定されていたと思われます。彼女は裁判官のような働きをしていましたが（同5節）、危機にあたっては、敵軍の敗北を預言しました（同6—14節）。

士師記六章には、東のほうからミデヤン人がやって来て、イスラエル全土を攻め、イスラエル人を長く苦しめたといわれています。

「主はイスラエル人にひとりの預言者を遣わした」（8節）。この預言者の務めは民の罪を叱責することでした。それを背景にしてギデオンが登場しますが、六章11節—八章22節の長いギデオンの物語と、預言者の働きの結びつきは（六10と六11）文章だけではわかりません。

サムエルと預言者たち

「そのころ、主のことばはまれにしかなく、幻も示されなかった」（Ⅰサムエル三1）と、サムエルが登場する時代について記述されています。シロにあった祭司エリの家は堕落していましたが、「神の人」が来て罪を責め、エリの家の没落と、サムエルの登場について預言しました。

サムエルは、預言者として立てられただけでなく、多くの預言者たちを起こし、また預言者学校のようなものを作ったと考えられます（同一〇5―12、一九20）。サムエルは、預言者だけでなく、祭司でもあり（同二35、一三8―10）、また統治者でもありました（八1―7）。この点では、モーセがあらゆる賜物と職務を兼ね備えていたのと似ており、伝承もそのようにみなしています（詩篇九九6、エレミヤ一五1）。ですから、サムエルの言動を研究する時には、これらの職務のどの面が現れているのかを考える必要があります。サムエル記第一、九章と一九章20―24節の物語は、明らかに預言者としてのサムエルを示しています。

サムエルの不幸は、彼もまた、子どもの教育に失敗していることです（同八1―5）。

ガドとナタン、宮廷預言者たち

サウルによってイスラエルに王国が創設され、ダビデがこれを引き継ぐと、ガドとナタンという宮廷付預言者が現れました。これを逆から見ると、王政であっても、王は宮廷付預言者を通して神の意思を問うたわけで、建て前では、神政政治を保持したともいえます。

　ガドは、ダビデがサウル王のもとから逃れ、荒野を転々としていた時から行動を共にし、アドバイスをしていました（Iサムエル二二5）。また、ダビデが民を数えるという愚かなことをして罪を犯したとき、これを責めるとともに、回復の道を示しました（IIサムエル二四章、I歴代二一章）。

　もうひとりの預言者ナタンも国政に関与し、ダビデを導きました。ダビデがバテ・シェバと姦通し、その夫ウリヤを殺すという大罪を犯したとき、その罪を暴き出しました（IIサムエル一二章、詩篇五一篇）。また、ダビデが主の宮を建てようとしたとき、それを止め、神の一方的な恩寵によって、ダビデの王国は永遠に続くことを預言しました（IIサムエル七章、I歴代一七章）。ダビデの臨終にあたっては、バテ・シェバと協力して、アドニヤではなく、ソロモンを王位につけるようにしました（I列王一章）。

　カドとナタンは、主の宮の楽隊創設にも関係しています（II歴代二九25）。また歴史家としても働いています（I歴代二九29）。ナタンはシロ人アヒヤとともにソロモンの業績を記録しました（II歴代九29）。

　そのほかに、先見者イドは、ヤロブアムについても記録したと言われています。また、預言者シェマヤとともに、ソロモンの子レハブアムの業績を記録したということです（II歴代一二15）。

一方、主の宮の合唱隊創設には、ダビデ、アサフ、ヘマンとともに、「先見者」エドトンの名があげられています（Ⅱ歴代三五15）。ミリヤム以来、預言と音楽は不可分であったと考えられます。

〈北王国イスラエルに対する預言者たち〉

シロ人アヒヤ

シロ人アヒヤは、ソロモンの在世中すでにイスラエル全国家の国務長官になっていたヤロブアムが、ソロモンの死後、王国が分裂して、北イスラエルの王になるであろうと預言しました（Ⅰ列王一一28―40、一二15）。ヤロブアムが王位につくと、まもなくアヒヤは離れていったと思われます。アヒヤは晩年、目が見えなくなったとき、ヤロブアムの妻の前で、ヤロブアムの家の滅亡と、イスラエルの捕囚について預言します（Ⅰ列王一四1―18、一五29）。

ヤロブアムに対する預言者

ヤロブアムは、主なる神によって北王国の王とされながら、律法を守らず、偶像を拝み、主に背きました。そのためユダから神の人、預言者が遣わされ、ベテルで香をたくために祭壇のそばに立っていたヤロブアムに、さばきの下ることを預言しました（Ⅰ列王一三1―9）。しかし、彼自身、ベテルで老預言者のたくらみによって、パンも食べず水も飲んではならないという主の命令に背いて、老預言者の家で食事をしたため、悲劇的な死を遂げます（同11―33節）。

ハナニの子エフー

ヤロブアムの家の滅びをシロ人アヒヤがしたように、預言者ハナニの子エフーは、バシャの家の滅びを預言しました（Ⅰ列王一六1―12）。それは、ジムリによって、前八七六年に成就しました。

エフーは南ユダでも預言者活動を行っています。

エリヤと預言者たち

ジムリの七日天下が、オムリによって終止符が打たれると、オムリ王朝が始まりました。オムリは王になると、サマリアの山を買い、そこにサマリアの町を建て、首都にしました。オムリの子アハブはサマリアで二十二年間王位につきましたが、彼以前のだれよりも「主の目の前に」悪を行いました。シドン人の王エテバアルの娘イゼベルを妻にめとり、バアル礼拝が国の宗教になりました（Ⅰ列王一六30―31）。

そうした宗教的な闇の時代にエリヤが登場します。列王記第一、一七章から列王記第二、二章11節までのエリヤの物語には、生き生きとしたエリヤの預言者活動が描かれており、私たちはこれを十枚の絵物語として味わうことができます。特に、七番目のホレブ山での神の語りかけ、一〇番目のエリヤの昇天は感動的です。

①エリヤの登場（Ⅰ列王一七1）

エリヤは「ギルアデのティシュベの出のティシュベ人エリヤ」と言われています。「ティシュベ」についてはよくわかりませんが、ギルアデはヨルダン川の東の山稜地帯を指します。イスラエルから見ると辺地です。アハブとイゼベルの迫害による宗教弾圧のため、預言者たちの活動が途絶えたとき、主なる神は、ギルアデの山岳地帯から野人エリヤを召し出し、アハブに対決させます。エリヤはおそらく首都サマリヤに出かけて行き、そこでアハブ王に会ったのでしょう。どうして田舎者が王に会うことができたのかはわかりません。アハブ王の前に立ったエリヤは、「私の仕えているイスラエルの神、主は生きておられる。ここ二、三年の間は露も雨も降らないであろう」（一七1）と預言しました。エリヤは、アハブとイゼベルの偶像礼拝と、預言者たちへの弾圧について述べ、叱責したと思われます。

「私の仕えているイスラエルの神、主は生きておられる」は中心的メッセージです。それは、モーセに言われた、「イェヒイェ・アシェル・イェヒイェ」（わたしは、「わたしはある」という者である）と同じです（出エジプト三14）。

ギルアデの山の中から出て来た背の高い、髭ずらのエリヤと、宮廷のぜいたくな生活でぶよぶよになっている傲慢なアハブ王の姿を想像しながら、物語を続けて見てみましょう。

②ケリテ川のエリヤ（Ⅰ列王一七2―7）

「ここを去って東へ向かい、ヨルダン川の東にあるケリテ川のほとりに身を隠せ」（同3節）。「ヨルダン川の東」は、「ヨルダン川の前」と訳すこともできます。サマリアから東に向かい、ヨルダン川沿いに南に下ると、ケリテ川と呼ばれている峡谷があります。それは、エルサレムからエリコに下る道と並行した山腹を、ヨルダン川に向かって流れる山合いの川と思われます。そこに身を隠して、川の水を飲み、朝と夕、パンと肉をエリヤのところに運んでくる数羽の烏に養われるエリヤの姿も絵になります。ある人は、烏はサマリアのアハブの宮殿の台所からパンと肉を運んできたと考えています。

③シドンのツァレファテのやもめ（I列王一七8―24）

イエスがシドンのサレプタのやもめに言及しておられるのは（ルカ四25―26）、この物語が八百年以上もエリヤ伝承として語り継がれていたことを示しています。「かめの粉は尽きず、そのつぼの油はなくならない」（I列王一七14）は中心的なメッセージで、多くの信仰者がこのメッセージの真実性を体験しています。エリヤがツァレファテの町の門で、たきぎを拾い集めているやもめに出会い、「水差しにほんの少しの水を持って来て、私に飲ませてください」（同10節）と声をかけている姿もそのまま絵になります。

ここでも、「あなたの神、主は生きておられます」（同12節）が中心的メッセージですが、アハブに対する「私の仕えている神」ということばが、「あなたの神」に代わっているところに、イゼベルの出身地シドンにも、信仰をもった女性がいたことを示しています。

④カルメル山の対決（I列王一八1―40）

エリヤの預言どおりイスラエルに干ばつが続いている間、アハブ王とイゼベルは迫害を続け、預言者はひとりもいなくなりました。しかし、王宮を司るオバデヤは、主を恐れる信仰者で、ひそかに一〇〇人の預言者たちを隠しました。アハブ王とオバデヤが手分けして水のある場所を探したとき、オバデヤの前にエリヤが現れて、アハブ王のところへ行って、「エリヤがここにいる」と告げなさいと命じました。その返事の最初に、オバデヤが「あなたの神、主は生きておられます」と言い、オバデヤの弁明に対して、エリヤが「私が仕えている万軍の主は生きておられます」と答えています。こうして、エリヤ物語は、一八章39節の「主こそ神です。主こそ神です」の民の告白というクライマックスに向かいます。

エリヤはアハブ王に命じて、カルメル山にバアルとアシェラの預言者たちを集めさせました。カルメル山は、イスラエルの北、地中海に突き出た岬から東南へ二四キロ伸びている山稜地帯で、北にはすぐヤッファの港があり、また、イズレエルの平野と、そこにキション川が流れています。標高は一番高い所で五四六メートルしかありません。このカルメル山の上で、エリヤと四百五十人のバアルの預言者たちが対決しました。この舞台をアハズ王とその家来たちとともに、今までアハズ王の宗教的な迫害下で苦しんできたイスラエルの民が見守っていました。戦いは、エリヤの36―37節の祈り、「アブラハム、イサク、イスラエルの神、主よ。あなたがイスラエルにおいて神であり、私があなたのしもべであり、あなたのみことばによって私がこれらのすべての事を行ったということが、きょう、明らかになりますように。私に答えてください。主よ。私に答えてください。この民が、あなたこそ、主よ、神であり、あなたが彼らの心を翻してくださることを知るようにしてください」でクライマックスに達します。

エリヤの名前は、「ヤハ（主）はエル（神）である」の短縮形で、今や、カルメル山上のバアルの預言者たちとの対決の中で、それが明らかにされたのです。バアルの預言者たちや、アハブ王とその家来たちが見ている前で、宗教的な締めつけのもとで萎縮していたイスラエル人が心を翻し、全心で、「主こそ神です。主こそ神です」とひれ伏して叫んでいる姿を想像してみましょう。

⑤激しい雨の中を走るエリヤ（Ⅰ列王一八41―46）

アハブ王はエリヤの命令で、バアルの預言者を集めました。彼らの雨乞いの様子と、エリヤの勝利を始終見ていたアハブ王の心も「主こそ神です」という告白の正しさに目が覚めたと考えられます。エリヤはアハブ王に「上って行って飲み食いしなさい。激しい大雨の音がするから」と干ばつの終わりを宣言し、今後エリヤの宗教改革運動への協力を期待して、彼に「飲み食いしなさい」と勧めます。それからカルメル山の頂上に登り、地にひざまずいて自分の顔をひざの間にうずめました。

ツァレファテのやもめの息子が死んだときは、エリヤは三度、その子の上に身を伏せて、主に祈りましたが（一七21）、今回は七たび祈って、そのたびに、若者に祈りの結果、雲が上ってきたかどうかを報告させました。七度目に若者は小さな雲が海から上ってくると言いましたが、それは大雨の知らせでした。アハブ王に大急ぎでイズレエルに帰るように命じたエリヤは、激しい大雨の中をアハブ王の前を、腰をからげて走って行きました。イズレエルはカルメル山を下ったエスドラエロンの平野にある地域で、アハブ王はサマリア以外に、イズレエルにも住まいをもっていました（二一1参照）。

⑥イズレエルからホレブまで（I列王一九1―8）

三十七年前（一九七八年）、夏のパレスチナ研修セミナーに参加した私は、帰路、少人数のシナイ山ツアーに申し込みました。八月の半ばでしたが、エルサレムからエラテまで、飛行機で飛び、六人のシナイ山ツアーでした。ツアーはランドローバーという四輪駆動のジープで、シナイの砂漠を南に向かいました。砂漠というのは、鳥取の海岸砂漠のようにただ砂が広がっているのではなく、岩石もあり、丘もある、乾いた砂と岩石ばかりの大海原で、車は四輪駆動でも、ロー・ギアで少しずつ進んで行きます。もし止まったらそれきりですから、スピードを出すことができず、大きな岩を避けて、ジープは激しく揺れながら、限りなく広がった大砂原を進んで行きました。ジープの荷台の幌の間から容赦なく入ってくる砂埃と、四〇度を軽く超える暑さに耐えながら、夕方、やっとシナイ山のふもとに着きました。夜になると気温はぐっと下がります。寝袋に入り、石を枕に夜空を見上げると、日本では考えられない澄みきった星空。石を枕にベテルで一夜を明かしたヤコブを思ったり、エルサレムにおける一か月に及ぶセミナーの数々の初めての経験を振り返ったりしているうちに、いつのまにか眠っていました。

午前三時に起床、山のふもとでジープから降りて、まだ寝ているのか覚めているのかわからないような気持ちで、道案内のベドゥインの少年が持っている大きな水の袋をぼんやりと目印に見ながら、岩山を、つまずき、つまずき上って行きました。空が少し明るみかけたころでしょうか。案内のガイドさんが、途中に見えてきた洞穴を指して、「これがあのエリヤが隠れていた洞穴です」と言いました。そこには「ここでエリヤが神と出会った」と書かれた札が立っていました。

私は、その時初めて、シナイ山（ホレブ）とエリヤがはっきりと結びつきました。シナイ山といえばモーセと十戒が思い出されますが、シナイ山とエリヤも非常に密接な関係にあることに気づかされたのです。

「アハブは、エリヤがしたすべての事と、預言者たちを剣で皆殺しにしたこととを残らずイゼベルに告げた。すると、イゼベルは使者をエリヤのところに遣わして言った。『もしも私が、あすの今ごろまでに、あなたのいのちをあの人たちのひとりのいのちのようにしなかったなら、神々がこの私を幾重にも罰せられるように。』彼は恐れて立ち、自分のいのちを救うため立ち去った。ユダのベエル・シェバに来たとき、若い者をそこに残し、自分は荒野へ一日の道のりを入って行った」（1―4節）。

カルメル山で劇的な勝利を収め、また三年間に及ぶ干ばつに終止符を打つ大雨を呼び寄せ、アハブ王が宗教改革に協力する姿勢を見せたので、エリヤは得意の絶頂に達しました。もしも中途半端な成功だったら、エリヤが舞い上がることはなかったでしょう。そして得意の絶頂にいたエリヤは、今度は、激怒するイゼベルのことばにおののきました。「彼は恐れて立ち、自分のいのちを救うため立ち去った」という表現は、それまでのエリヤにはありえないことでした。バアルの預言者たちと対決する前のエリヤでしたら、失望することなく戦い続けたでしょう。しかし、一旦、臆病風にとりつかれると、どんな勇士も恐れ、自分のいのちを救うために逃げ出してしまうのです。

イズレエルから、カルメル山を越え、サマリアの山稜を、シェケムから南ユダのエルサレムまで来れば、身の安全を確保するには十分でした。しかし、エリヤはエルサレムを通り越し、ベツレヘムを東に見て、ヘブロンへ、さらに、ヘブロンからベエル・シェバへ到達、そこから、若い者をそこに残し、砂漠の道の一日路を入って行きました。イズレエルから、ベエル・シェバ、さらにシナイ山まで、直線距離三〇〇キロ以上の道のりです。一九章8節には「四十日四十夜」といわれていますが、これは、イズレエルからシナイ山までかかった日時なのか、あるいは、荒野のえにしだの木のところからシナイ山までかかった日時を、完全数「四十」という象徴的な数字で表したのかはわかりません。

「彼は、えにしだの木の陰にすわり、自分の死を願って言った。『主よ。もう十分です。私のいのちを取ってください。私は先祖たちにまさっていませんから。』 彼がえにしだの木の下で横になって眠っていると、ひとりの御使いが彼にさわって、『起きて、食べなさい』と言った。彼は見た。すると、彼の頭のところに、焼け石で焼いたパン菓子一つと、水の入ったつぼがあった。彼はそれを食べ、そして飲んで、また横になった。それから、主の使いがもう一度戻って来て、彼にさわり、『起きて、食べなさい。旅はまだ遠いのだから』と言った。そこで、彼は起きて、食べ、そして飲み、この食べ物に力を得て、四十日四十夜、歩いて神の山ホレブに着いた」(4—8節)。

ここで、おもしろいことに、エリヤが自己矛盾に陥っています。彼は「えにしだの木の陰に」座っていました。湿度0と言われる砂漠の中では、体内から一時間に一リットル以上の水分が蒸発します。絶えず水を飲まないと、すぐ脱水症状で死んでしまいます。そのような状況の中でも、不思議なことに、岩陰とか木陰があれば、そこはたいへん涼しいのです。砂漠の乾燥地帯でも自生する「えにしだ」というマメ科の植物の木の下に身を休めたエリヤは、そこで思いがけない涼しさと休息の時を与えられました。もし彼がほんとうに死にたいのならば、えにしだの木陰からほんの少し身体を出してみれば、たちまち直射日光に当たって死ぬことができます。しかし、エリヤはえにしだの木陰に座ったまま、「主よ。もう十分です。私のいのちを取ってください」と言っているのです。

主の御使いは、眠ってしまったエリヤを起こして、用意しておいたパン菓子を食べ、水を飲むようにと命じました。このようにして、エリヤはケリテ川では烏に、シドンではやもめに、シナイの砂漠では、御使いに食べ物を与えられました。十分の食事と水、そして睡眠をとったエリヤは、ホレブ山に着くことができたのです。

⑦かすかな細い声で語りかけられる主（Ｉ列王一九9―18）

伝説による「エリヤのほら穴」は、ホレブ山の山頂に登る最後の傾斜の真ん中あたりにあります。そこからは「山の上」（11節）まではかなりの険しい山道を登らなければなりません。洞穴に隠れているエリヤに、「エリヤよ。ここで何をしているのか」と主は声をかけ、「外に出て、山の上で主の前に立て」と命じられました。激しい大風の中にも、地震の中にも、火の中にも主はおられませんでした。これは明らかにモーセと対比させています。「シナイ山は全山が煙っていた。それは主が火の中にあって、山の上に降りて来られたからである。その煙は、かまどの煙のように立ち上り、全山が激しく震えた」（出エジプト一九18）。

しかし、神顕現の形式はシナイ山と反対でした。

「火のあとに、かすかな細い声があった」（Ｉ列王一九12）。

「コール・デーマーマー・ダッカー」は、新改訳では「かすかな細い声」と訳されていますが、新共同訳では「静かにささやく声」、岩波訳とフランシスコ会訳では「かすかにささやく声」とされています。宮本久雄氏は、『ヘブライ的脱在論――アウシュヴィッツから他者との共生へ』（東京大学出版会、二〇一一年）において、有賀鉄太郎のハヤトロギアから、新しい用語、エヒイエロギアの発展の中に次の解釈学の道を探っています。この本の六章の「現代における『異邦人性』とエヒイェ」に、預言者エリヤが登場します。

「エリヤはホレブの山上で、神顕現を象徴した古い自然現象、すなわち恐るべき風や地震や火を体験したが、そこに神はおられなかった。火の後に『コール・デマーマー・ダッカー』（静かな沈黙の声）を聞いた（I列王一九12）。一般には『静かにささやく声』と訳されているが、それは『デマーマー』の真意を伝えていない。神はまず古い神顕現の形式を打ち破り、さらに、一般的な意味での『声』を超えた『声』において語られる。これは普通の沈黙では言い表せない『新たな現存の無』である。実際に、エリヤが沈黙の声を聞いたとき、彼は『外套で顔を覆い、出てきて、洞穴の入り口に立った』（I列王一九13）のであり、神を見ないように外套で顔を覆うとは、『沈黙の声』を聞くことが、神と顔と顔を合わせて見るような死をもたらす極限的な神の現存の体験に出会ったことを示唆するのである。それはエリヤの身心の全体を挙した、まったく新たな神という他者経験だった。こうして『沈黙の声』を聞くとは、極限的な、見るをも含むような感覚的かつ視覚的、さらに霊的で身体的な他者体験と言えよう。こうしてこの無において、神は新たに顕現し語り、エリヤもよみがえる」（二二三―二二四頁）。

「この沈黙の声から、ヤハウェは『バアルにひざまずかないイスラエルの七千人の残りの者』（I列王一九18）がいることを啓示される。……」

「『バアルにひざまずかない者』とは、アハブ―イゼベル的全体主義に同化されず、あくまで異邦人として残り、それを突破する人を意味しよう。『七千人』とは、『七、四』などの完全数であって、ある一定の数を示す。最も重要な言葉は『残りの者』（シェアール）の現実を披く『残す』ということばである。それはある破滅的危機をくぐり抜けて残り、新たな世界、新しいカイロス（出会いの時）の創造的種子となる人が残ることである。そうした『残りの者』の人間類型は、聖書テキストに会って、新約に至るまでの歴史を待つ」（二二四頁）。

こうして神に出会って新しくされたエリヤでしたが、神はアハブの代わりにエフーをイスラエルの王とし、エリシャをエリヤに代わる預言者にするよう、お命じになりました。

⑧エリシャの召し（Ⅰ列王一九19―21）

「エリヤはそこを立って行って、シャファテの子エリシャを見つけた」（19節）。サマリアから東シェケムを通り過ぎて、山稜を下って行くと、ヨルダン川の西側にアベルメホラがあります。十二くびきの牛の持ち主であるエリシャは豊かな農家でした。若いエリシャは、すぐさまエリヤに従い、五十年に及ぶ預言者活動を通して、エリヤの始めた預言者運動を定着させました。

⑨エリヤとアハズヤ（Ⅱ列王一1―17）

アハブ王は、預言者ミカヤの預言したとおり、アラムの軍隊との戦いの最中に矢に当たって戦死します（Ⅰ列王二二34―35）。それで、アハブの子アハズヤが王位につきましたが、彼はアハブ王と母イゼベル、さらにヤロブアムの偶像礼拝の道を歩みました。そのため、欄干から落ちて病気になったとき、エクロンの神、バアル・ゼブブに伺いを立てようとしますが、エリヤが出て行って王に会い、「あなたは、上ったその寝台から降りることはない。あなたは必ず死ぬ」（Ⅱ列王一16）と預言し、わずか二年の統治で死にました。

⑩エリヤの昇天（Ⅱ列王二1―11）

アベル・メホラで、エリシャを召し出したエリヤは、ヨルダン川を南行してギルガルに着き、そこにしばらく滞在していたと思われます。ギルガル、ベテル、エリコは、サマリアから離れ、しかも南ユダではない、エリヤの預言者共同体が形成されるための最適の場所でした。すでに、ベテルにもエリコにも、エリヤの信仰に従う預言者たちが集まって来て、少なくとも五十人、おそらく百人以上の預言者たちが集まっていたでしょう。エリヤは、エリシャにギルガルにとどまるように、さらに、ベテルにとどまるように、そしてエリコにとどまるに命じましたが、エリシャはそれを受け入れませんでした。「主は生きておられ、あなたのたましいも生きています」（同2、4、6節）は、エリヤの昇天物語の中心の言葉です。それは、エリヤ、すなわち「主は神である」と同じ意味で、エリシャがどこまでも、エリヤから離れない理由と決意を表明しています。

エリコを出てすぐ東にあるヨルダン川のほとりにエリヤとエリシャは立ちました。当時のヨルダン川は、死海の河口に近く、現在と違って、滔々と流れていました。河床も深かったようです。

「エリヤは自分の外套を取り、それを丸めて水を打った。すると、水は両側に分かれた。それでふたりはかわいた土の上を渡った」（同8節）。

まだ向こう岸につかない途中で、エリヤがエリシャに「何を求めるか」と尋ね、「エリシャは、

「あなたの霊の、二つの分け前を下さい」と願いました。こうして、「主は生きておられ、あなたのたましい（霊）も生きています」という言葉は、エリヤからエリシャに受け継がれ、エリヤは竜巻に乗って天へ上って行きます。

エリシャと預言者たち

エリヤに後継者として召され、エリヤが昇天するとき、エリヤの霊の二つの分け前を与えられたエリシャは、五十年以上の長期にわたって預言者として活動しました。その活動は、国家全体に関するものから、個人に対するものまで、十四のエピソードから成っています。

①悪い水を良い水に変える（Ⅱ列王二19―22）

18節と19節がつながっているとすれば、エリコの町の水があるとき悪くなったということでしょう。エリコの町にはオアシスがあり、絶えず良い水が出ますが、何かの理由で悪くなりました。「エリシャは水の源のところに行って」（同21節）とあるのは、エリコのオアシスのことかもしれません。

「塩をそこに投げ込んで言った。『主はこう仰せられる。「わたしはこの水をいやした。ここからは、もう、死も流産も起こらない。」』」一握りの塩を投げ込んで、オアシスの水が良くなり、それがずっと続くということは普通では考えられず、エリシャの行為は象徴的な行動でした。こうして、エリシャの預言者としての立場が確立したと思われます。

②はげ頭のエリシャ（Ⅱ列王二23—25）

海抜下三〇〇メートルのエリコから、サマリアの山稜にある海抜八〇〇メートルのベテルまで上って来たエリシャに向かって、ベテルの町からたくさんの子どもたちが出て来て、「上って来い、はげ頭。上って来い、はげ頭」とからかいました。エリシャが彼らをにらみ、主の名によってのろいました。すると森の中から二頭の雌熊が出て来て、彼らのうち四二人の子どもたちをかき裂いて殺してしまいました。そして、エリシャは山稜を北上してカルメル山に行き、さらにイスラエルの首都サマリアへ戻って、本格的に預言者として活動を開始しました。

③国難を救う（Ⅱ列王三1—27）

アハブが死ぬと、アハズヤが王位につき、アハズヤが死ぬと、アハブの子ヨラムがサマリアで王となり、十二年間治めました。「アハブが死ぬと、モアブの王はイスラエルの王にそむいた」（同5節）は一章1節の繰り返しですから、いくつかの解釈の可能性があります。おそらくアハズヤは病弱で、アハズヤの時からヨラムが摂政として実際の政治を行ったと考えるのが妥当でしょう。

死海の東、現在のヨルダン領にあるモアブがイスラエルの隷属から離れたので、イスラエルとユダと、そしてエドムは連合して、モアブに攻め入りました。戦争の結果を予測するために、エリシャが呼ばれましたが、彼は竪琴を弾き鳴らして預言します（同15—16節）。「風も見ず、大雨も見ないのに、この谷には水があふれる」（同17節）。これは、ユダの南、アラドから死海の南に流れる「エドムの谷」と呼ばれるワディではないかと考えられます。

こうして、エリシャがイスラエル王ヨラムとユダ王ヨシャパテの連合軍の勝利を預言したことは、両王国でのエリシャの立場を確固なものとしたことでしょう。

④油のつぼを満たす（Ⅱ列王四1―7）

エリヤの後、ギルガル、エリコ、ベテルの預言者たちの共同体は存続し、エリシャがその指導者であったろうと考えられます。夫が死んで残されたやもめとふたりの子どものために、エリシャはからのつぼを油で満たして、借金を払わせました。

⑤子どもをよみがえらせる（Ⅱ列王四8―37）

カルメル山の北イズレエルの近くにシュネムという町があります。エリシャはこの地方にもよく旅行したようです。裕福な、しかし年をとった女が子どもを産み、その子が大きくなって、とありますから、この物語には約十年の歳月があることを覚えて味わうことが必要です。

子どもをよみがえらせる奇跡の約十年前に、年をとった女をみごもらせる奇跡があり、アブラハムの妻サラの妊娠を告げた三人の天使の物語と、エリヤがツァレファテのやもめの子どもをよみがえらせた奇跡とが組み合わさっています。「主は生きておられ、あなたのたましいも生きています」（同30節）。シュネムの女は、エリシャがエリヤに使ったと同じ言葉を用いて、エリシャが神の人であり、神の霊に満たされていることを告白しています。

⑥煮物の毒が取り除かれる（Ⅱ列王四38―41）

エリシャはシュネムからギルガルに帰って来ました。シュネムの女の物語は十年以上の歳月を要していますから、時間的な順序にとらわれないほうがよいでしょう。

エリシャの生涯の中ごろに「ききん」があったとあり、これは八章1節で言及されている「ききん」と同じであると思われます。また、次の物語と関係しているとすれば、百人の預言者のために煮物をつくったことになります。いよいよ煮物を食べようと口に入れたところ、野生のうりが毒うりであることがわかりました。エリシャは麦粉をかまに投げ入れて、煮物の毒を取り除きます。

⑦わずかなパンで空腹を満たす（Ⅱ列王四42―44）

おそらく毒うりの物語と続いていると思われます。ききんは長く続きました。パン二十個と一袋の新穀で、百人の預言者たちを養うには不十分でしたが、エリシャが「食べて残すだろう」と預言し、「主のことばのとおり、それはあり余った」とありますから、エリシャの預言は、主のことばであることが証明されました。

ギルガルで百人の預言者たち、エリコにも、ベテルにも同じような預言者たちの共同体があったとすれば、彼らは何をしていたのでしょうか。

七百年後、死海のほとりで、クムラン共同体の生活の全貌が明らかにされましたが、その人たちは、祈り、賛美、聖書の朗読、聖書の筆写をしていたことがわかりました。エリシャの時代の預言者の共同体でも、やはり、祈り、賛美、そして、楽器を使った賛美と礼拝、また、聖書の筆写がなされたと考えられます。モーセ五書やヨシュア記から列王記の初めまでが筆写されたと思われます。詩篇の一部も存在したでしょう。

預言者たちの働きに歴史を書き留める仕事がありましたが、一部の預言者たちは、それを専門としたかもしれません。また、「油つぼを満たす」物語が示すように、預言者たちは家庭をもち、そこでは、金銭が流通していた、すなわち、経済活動がなされていたことがわかります。「沈んだ斧の頭を浮かばせる」物語（Ⅱ列王六1―7）が示すように、建築工事も行われています。

そして何よりもエリシャは、各地に出かけ、神のことばを伝える、つまり、伝道事業に参加したことでしょう。何百人という預言者たちが伝道し、偶像礼拝を非難し、「主は生きておられる」とあかししたと思われます。

⑧ナアマンの癒し（Ⅱ列王五1―27）

ツァラアトに冒されたナアマンの癒しの物語は、ナアマンのことば、「何ということだ。私は彼がきっと出て来て、立ち、彼の神、主の名を呼んで、この患部の上で彼の手を動かし、このツァラアトに冒された者を直してくれると思っていたのに」（同11節）に要約されます。しかし、思い直したナアマンはヨルダン川に行き、七たび身を浸すことにより完全に癒されました。

20―27節の家来ゲハジの物語は、貪欲の罪への警告としてこの物語に花をそなえています。

⑨沈んだ斧の頭を浮かばせた奇跡（Ⅱ列王六1―7）

ギルガルにある百人の預言者たちの共同体の群れに、新しい加盟者がありました。そのため建物を増築する必要に迫られました。ヨルダン川に沿って、建築用の大きな材木の取れる大木が茂っていましたが、預言者のひとりが過って、斧の頭の部分をヨルダン川の中に落としてしまいました。そこでエリシャが「一本の枝を切って、そこに投げ込み、斧の頭を浮かばせた」という単純な物語です。

⑩アラム軍を敗退させる（Ⅱ列王六8―七20）

イスラエルとアラム（シリア）との間には長い期間、戦闘状態が続きました。その長い戦闘状態の中で、エリシャの存在が大きな役割を果たしたことが述べられます。アラムの軍隊がイスラエルに攻め上ると、エリシャはその道を前もって告げました。「イスラエルの王は神の人が告げたその場所に人をやった。神の人が警告すると、王はそこを警戒した。このようなことは一度や二度ではなかった」（同10節）。

エリシャはサマリアの北、カルメル山の南にあるドタンにいて、ダマスコからやって来るアラムの軍隊の動向を逐一報告します。ベン・ハダデの軍隊がドタンにいるエリシャを捕らえようと、攻め上って来たとき、火の馬と戦車がドタンの町を取り巻いてカルメル山に満ちていました。さらに、エリシャはアラムの軍隊の目を見えなくして、サマリアにまで連れて行きました。

ベン・ハダデの治世は、前八八〇年ごろから前八四二年ですから、イスラエルとユダとアラム

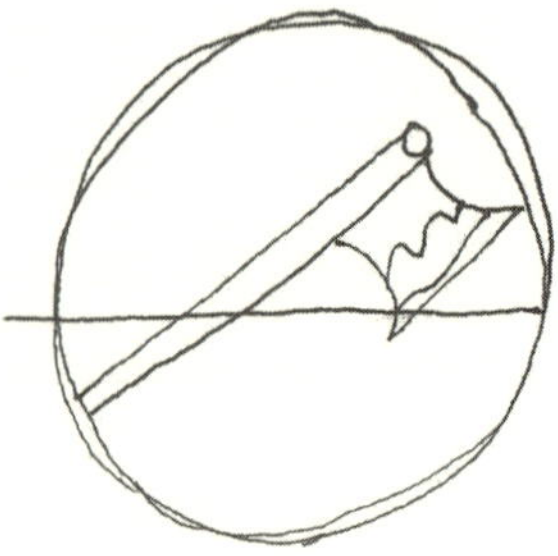

の連合軍がモアブに打ち勝ってから、それほど経っていない時のことと思われます。さらに、六章24節から七章20節の長い物語が、「この後」で導入されていますから、エリシャが預言者として活動を始めて十年ほどの間に、イスラエル、ユダ、アラムの連合軍がモアブを打ち破ったこと、ベン・ハダデの軍隊がドタンからサマリアへ来て敗北したこと、最後の大敗北の事件があったことになります。

また、ききんはシュネムの女がペリシテへ避難した時のものではなく、ずっと以前にもあったと考えられます。ききんの物語の中に、子どもを煮て食べた話、王の侍従の話、四人のツァラアトの話が入っています。

⑪シュネムの女の回復（Ⅱ列王八1―6）

シュネムの女は年をとってから、エリシャのおかげで子どもが授かりましたが、その子は病気で死んでしまいます。ところが、この時もエリシャによってよみがえらせてもらいました。その後、サマリアにききんがやってきたときには、彼女とその家族はエリシャのアドバイスに従って、ペリシテの地に七年間滞在します。やがてシュネムに帰って来ましたが、自分の家と畑が人の手に渡っていたので、それらを返してもらうために王に訴え出ます。ちょうどそのとき、王は、エリシャがこの女の子どもを生き返らせた話を聞いていたので、すぐにその訴えを聞き入れ、女に畑も家もすべて返してくれました。

この物語のおもしろさは、十年以上も前の出来事を聞いていたその時に、女が訴えて来たところです。

⑫ハザエルの王位継承（Ⅱ列王八7―15）

時間的には、この物語はエリシャが活動を開始して八年後のことです。エリシャがダマスコに来たとき、アラムの王ベン・ハダデ（前八八〇―八四二年）は病気でしたが、エリシャがやって来たことを聞いて、家来のハザエルに多くの贈り物を持たせエリシャのところへ向かわせ、自分の病気が治るかどうかを尋ねさせました。エリシャはハザエルに彼がイスラエルの王になると告げます。それで、ハザエルはベン・ハダデの顔に水を浸した毛布をかぶせて窒息死させます。ハザエルは前八四二年から前八〇六年まで王位につき、絶えずイスラエルを悩ませました。

こうして、カルメル山でエリヤに「ダマスコの荒野へ帰って行け。そこに行き、ハザエルに油をそそいで、アラムの王とせよ」（Ⅰ列王一九15）と言われた主の命令は、後継者エリシャによって遂行されました。

（八章16節からは、ユダの王ヨシャパテの子ヨラムが王位につき、八年間王位についたこと〔前八四九―八四二年〕、次に、ヨラムの子アハズヤが王位についたことが述べられています〔前八四二年〕。）

⑬エフーに油を注ぐ（Ⅱ列王九1―13）

エリシャは、部下の預言者の若者を呼び、ヨルダンの東、ギルアデの山地にあるラモテ・ギルアデに出かけて行って、ニムシの子ヨシャパテの子エフーを見つけて、頭に油を注いでイスラエルの王にしなさい、と命じました。カルメル山でエリヤに「ニムシの子エフーに油をそそいで、イスラエルの王とせよ」（Ⅰ列王一九16）と命じられたことばは、後継者エリシャによって遂行されました。若者はサマリアからラモテ・ギルアデに着き、エフーを見つけて、頭に油を注ぎ、主のことばを伝えます。「わたしはあなたに油をそそいで、主の民イスラエルの王とする。あなたは、主君アハブの家の者を打ち殺さなければならない。こうしてわたしは、わたしのしもべである預言者たちの血、イゼベルによって流された主のすべてのしもべたちの血の復讐をする」（同九6―7）と。エフーといっしょにいた将校たちは大喜びで、「エフーは王である」と叫びました。

エフーはイズレエルに出かけ、そこでイスラエルの王ヨラムを殺します（同24節）。そして見舞いに来ていたユダの王アハズヤも殺しました（同27節）。また、イゼベルも殺害します（同33節）。さらに、エフーは、サマリアにいたアハブの子七十人を殺し、バアルの預言者たちや、その信者、およびその祭司たちを集めて皆殺しにしました（同一〇1―11）。エフーはサマリアで二十八年間統治します（前八四二―八一五年）。

（列王記第二、一一章では、アハズヤの母アタルヤが王の一族をすべて殺して、自分が王位についたこと〔前八四二―八三五年〕、奇跡的に逃れたヨアシュが七歳の時、祭司エホヤダがクーデターに成功して、アタルヤを殺し、ヨアシュを王位につけたことが述べられています。

列王記第二、一二章はヨアシュの三十八年〔前八三七―八〇〇年〕にわたる治世について述べています。やがてそのヨアシュもクーデターによって殺され、その子アマツヤが王位につきます〔前八〇〇―七八三年〕。

列王記第二、一三章では、エフーの子エホアハズがサマリアでイスラエルの王となり、十七年間、統治したことが述べられています〔前八一五—八〇一年〕。ハザエル〔前八四二—八〇六年〕とその子ベン・ハダデ二世は絶えずイスラエルに攻め入りました。エホアハズの子ヨアシュの時代〔前八〇一—七八六年〕も事情は変わりませんでした。

⑭アラム敗退の預言（Ⅱ列王一三14—19）

エホアハズの子ヨアシュは、エリシャが病気になって死にかかっているのを聞き、彼のところに出かけて行って、「わが父。わが父。イスラエルの戦車と騎兵たち」と叫んで、エリシャの床の上に泣き伏しました。エリシャは、弓と矢を取って、矢を射るように命じます。ヨアシュが三度で射るのをやめたので、エリシャは五回も六回も射るべきであったと怒ります。こうして、最後までエリシャはイスラエル国家を守ろうしました。

⑮エリシャの死と葬り（Ⅱ列王一三20—21）

エリシャは死んで墓に葬られましたが、死んだ後も墓に投げ入れられた死体が生き返るというエピソードが紹介されています。

エリシャは多くの預言者たちの指導者でした。これらの多くの預言者の何人かの預言が記録されています。

列王記第一、二〇章13—14節では「ひとりの預言者」がアハブ王の勝利について預言しています。また22節でも預言しています。

28節では、「ひとりの神の人」がアハブ王に勝利を預言しています。35―43節では、「預言者のともがらのひとり」がアハブ王を叱責しています。

また、イムラの子ミカヤがアハブ王の死を預言しました（I列王二二8―37）。

オデデ

エリシャが死んで約六十年、北イスラエルの王ペカ（前七三七―七三二年）は、ユダのアハズ王が王位につくと（前七三五年）、ユダに攻め入り、これに大打撃を与えたことが歴代誌第二、二八章1―15節に記録されています。そのとき預言者オデデが現れて、イスラエルの軍隊の過ちを責め、捕虜、分捕り物を返すように預言しました。エリシャの預言者精神が生きており、預言者が大きな権威と影響力をもち、また、単なる予見能力ではなく、罪を責め、悔い改めに導き、具体的な行動を起こさせることも預言者の働きであったことを示しています。

〈南王国ユダに対する預言者たち〉

シェマヤと預言者たち

ヤロブアムが北イスラエルを創立し、ベテルとダンに金の子牛を置き、勝手に祭司を任命して、独自の宗教政策を推し進めたときも、北イスラエルと南ユダとの間を預言者たちは自由に往来をしていたようです。

先見者イドは、ソロモン、ヤロブアム、レハブアム、アビヤの業績を記録しました（Ⅱ歴代九29、一二15、一三22）。

列王記第一、一三章では、ユダから神の人がやって来て、ベテルで祭壇の香をたこうとしていたヤロブアムに対して、祭壇が裂けることを預言しました。

ハナニの子エフーも南北両国で活躍しました。

北イスラエルと南ユダとの間には絶えず抗争があり、北イスラエルでは王朝の交代が激しく、偶像礼拝が盛んでしたから、預言者たちは、南ユダに安定した根拠地を置くことにしました。また、南ユダでも人々の尊敬を受けたと思われます。

神の人シェマヤは、レハブアムがヤロブアム討伐隊を組織したとき、これに警告して軍隊を解散させました（Ⅰ列王一二22―24、Ⅱ歴代一一2―4）。また、エジプトの王シシャクがユダに攻め上って来たとき（前九一七年）、ユダの敗北を預言しました（Ⅱ歴代一二5）。

オデデとアザルヤ

オデデとアザルヤは父子です。レハブアムの孫アサ王（前九一三―八七三年）は信仰の厚い王で、この時代、外敵の侵入を防ぎ、国力を増し加えることに成功しました。それは、オデデとアザルヤという父子の預言者のことばをよく聞いたからであると記されています（Ⅱ歴代一五1―15）。

ハナニとエフー

アサ王が預言者オデデとアザルヤのことばを謙遜に聞いていたときは、神に祝福されましたが、預言者ハナニのことばを退けたとき、彼は両足ともに病気にかかって死んだと聖書は記録しています（Ⅱ歴代一六7—13）。ハナニは、足かせをはめられ投獄されましたが、その後のことはわかりません。

その子エフーは、北イスラエル王国に出かけて行って、バシャに警告し（Ⅰ列王一六1—4）、また、南ユダ王国のヨシャパテ（前八七三—八四九年）がアハブと同盟を結んだことを責めました（Ⅱ歴代一九2）。この間三十年ほどになりますが、かなり長期にわたって預言者活動を続け、国政にも影響を与えたと思われます。そして、ヨシャパテ王の業績についても記録しました（Ⅱ歴代二〇34）。

エリエゼル

エリエゼルは歴代誌第二、二〇章37節に出てくるだけです。ヨシャパテ王は信仰の厚い王でしたが、アハズ王と、またその子アハズヤとも同盟を結んだので、エリエゼルは同盟によって意図した貿易による利益は得られないと預言し、そのとおりになりました。

レビ人ヤハジエル

ヨシャパテ王がモアブとアモンと戦ったときに、レビ人ヤハジエルが預言したと言われていますが（Ⅱ歴代二〇14）、これは突発的に語られたものかもしれません。

エホヤダの子ゼカリヤ

ゼカリヤはユダのヨアシュ王（前八三七—八〇〇年）の預言者で、祭司エホヤダの子です。ヨアシュ王は、エホヤダの生きている間、主の目にかなうことを行いましたが、彼が死ぬと、皇帝礼拝、偶像礼拝を行い、預言者たちのことばを軽んじ、ついにはエホヤダの子ゼカリヤを捕らえて石で打ち殺してしまいました（Ⅱ歴代二四20—22）。

このゼカリヤが、イエスの言及したザカリヤと同一人物かどうかについては、考える余地があります。マタイの福音書二三章35節では、「バラキヤの子ザカリヤ」と言われていますが、ルカの福音書一一章50節ではただ「ザカリヤ」と記されています。「アベルの血から、……ザカリヤの血に至るまでの、世の初めから流されたすべての預言者の血」（同節）という表現は、歴代誌第二、二四章20—22節の記述によく合致します。歴代誌が書かれたのは、捕囚期以後ですが、ゼカリヤが伝承の中で、血を流した預言者たちの最後の預言者と考えられていたと解釈できます。

アマツヤの時代の預言者

ヨアシュの時代にも多くの預言者がいましたが、その子アマツヤ（前八〇〇―七八三年）の時にも、かなりの預言者たちがいたと推測されます。預言者は、あるときはエドムとの戦いの方法についてアドバイスし（Ⅱ歴代二五7―9）、あるときは偶像礼拝を責めました（同14―16節）。

フルダ

フルダは、ミリヤム、デボラなどとともに、数少ない女預言者ですが、ヨシヤ革命に決定的な役割を演じました（Ⅱ列王二二14―20、Ⅱ歴代三四22―28）。彼女は装束係シャルムの妻であって、もともと巫女や職業的預言者ではなく、預言の賜物によって、徐々に人々に認められ、評価されていったと思われます。

ウリヤ

エレミヤと同時代に活動した預言者にウリヤがいます。「ほかにも主の名によって預言している人がいた。すなわち、キルヤテ・エアリムの出のシェマヤの子ウリヤで、彼はこの町とこの国に対して、エレミヤのことばと全く同じような預言をしていた。」エホヤキム王は彼を殺そうとしたので、エジプトに逃げましたが、そこで捕らえられ、エルサレムに連れ戻され、そこで殺されました（エレミヤ二六20―23）。

Ⅱ　新約聖書における旧約預言書の引用

G・L・アーチャーとG・シルシグノの『クォーテーション・ツール』(Gleason L. Archer & Gregory Circhigno, *Quotation Tool*, The Moody Bible Institute, Chicago, 1983)によれば、新約聖書における旧約聖書の引用は三一二か所あります。そのうち、預言者の引用は一〇二か所あり、引用全体の三分の一です。詩篇の六七か所がそれに続きます。一〇二か所のうち、イザヤ書だけで六七か所あり、半分以上です。エレミヤ書が一〇か所、エゼキエル書とホセア書が各五か所ですから、イザヤ書と詩篇がどのように新約聖書に引用されているかを考察することが、「新約聖書における旧約聖書の引用」の大要を知ることになります。

すでに拙著『イザヤ書を味わう』(いのちのことば社、七—三九頁)で、「イエスとイザヤ書」、「ヨハネとイザヤ書」、「パウロとイザヤ書」、「使徒の働きとイザヤ書」、「ヘブル人への手紙とイザヤ書」、「ペテロの手紙とイザヤ書」、「黙示録とイザヤ書」に分類して詳細に論じていますが、ここでは、イエスと、ヨハネと、使徒の働き八章のピリポについて要点だけを記しておきたいと思います。

1　イザヤ書からの引用

A　イエスとイザヤ書

イエスのイザヤ書引用を考察することは、ただイエスがイザヤ書をよく知っていて、それを適当に引用しておられるというふうに考えてはなりません。それは、イザヤ書のことばが、神のことばとして受肉し、イエスを動かし、それがまた、受け取る人々にどのように働いているのかを考察するうちに、その過程を通して、今ここにいる私たちにも働きかけるのです。

イエスは荒野の誘惑においてサタンに勝利してから、ガリラヤ地方を回り、各地の会堂で教えることを始められました。ある安息日に故郷のナザレに帰り、いつものように会堂に入られました。おそらく母マリヤもイエスの兄弟たちも出席していたに違いありません。会堂ではまずトーラーすなわちモーセ五書の一部が、その日の日課に従って読まれました。この日、読まれたのがどこかであるかはわかりません。

「それから、イエスはご自分の育ったナザレに行き、いつものとおり安息日に会堂に入り、朗読しようとして立たれた。すると、預言者イザヤの書が手渡されたので、その書を開いて、こう書いてある所を見つけられた」(ルカ四16―17)。

当時の習慣では、モーセ五書が読まれると、その後で、だれでも自由に預言書を読むことができました。イエスが立たれました。イエスは預言者イザヤの書をとって、それを開き始めました。クムラン第一洞窟から出土した死海写本イザヤ書は、一章から六六章までが全部書かれた完全な巻物で、幅約三〇センチ、長さ約八メートルの長さで、一本の棒に巻かれています。イエスの手に渡されたイザヤ書も同じようなものだったと思われます。この短いセンテンスを理解するためには、いくつかの予備知識が必要です。

①安息日にはまずトーラー（モーセ五章）の定められた箇所が読まれる。

②次に預言書が読まれるが、それは、トーラーの朗読箇所と調和している箇所である。

③イザヤ書は「巻き物」で、六六章の最後まで約八メートルの長さがあり、イザヤ書の初めから巻き物を開き始めて六一章1―2節まで達するには、かなり時間がかかります。その間、人々はイエスがイザヤ書のどこを読むかと、かたずを飲んで見守っていたに違いありません。

④「こう書いてある所を見つけられた」（ルカ四17）。

以上の状況がわかると、新改訳の「見つけられた」は誤訳ではないとしても、前後関係を理解していない訳と言えます。ギリシア語「ユーレン」には、「見る」「見つける」「目を留める」などの意味があります。新共同訳は「目に留まった」ですが、口語訳の「出された」がかなり状況に合った表現であると言えます。イエスは、イザヤ書の巻物を手にした時に、すでに六一章の1―2節を念頭に置いて、開き始めたに違いありません。

⑤「わたしの上に主の御霊がおられる。

主が、貧しい人々に福音を伝えるようにと、

わたしに油を注がれたのだから。
主はわたしを遣わされた。
捕らわれ人には赦免を、
盲人には目の開かれることを告げるために。
しいたげられている人々を自由にし、
主の恵みの年を告げ知らせるために。」

これをイザヤ書六一章1―2節と比較してみましょう。

「神である主の霊が、わたしの上にある。
主（ヤハウェ）はわたしに油をそそぎ、
貧しい者に良い知らせを伝え、
心の傷ついた者をいやすために、
わたしを遣わされた。
捕らわれ人には解放を、囚人には釈放を告げ、
主（ヤハウェ）の恵みの年と、われわれの神の復讐の日を告げ、……」

イエスの手にしておられたイザヤ書が、現在の死海文書に近いものであるとするならば、母音符号、アクセント符号などのない、子音文字だけの本文でした。イエスは、イザヤ書の「心の傷ついた者をいやす」を「盲人には目の開かれることを告げる」と言い換えて読んでおられること

がわかります。旧約聖書の中には、奇蹟が多く記されていますが、盲人のいやしの奇蹟はありません。それはまことの救い主が来られた時に起こることです（イザヤ三五5参照）。

さらに、イエスの朗読は、六一章2節の最初の部分で終わりました。「主（ヤハウェ）の恵みの年を告げる」時が今やって来たと告げる所で終わったのです。

⑥「イエスは書を巻き、係りの者に渡してすわられた。会堂にいるみなの目がイエスに注がれた」（ルカ四20）。

約八メートルのイザヤ書の巻物を初めから六一章まで開くのと同じだけの時間が、巻物を巻き戻すのにかかったに違いありません。その間、会堂にいた人たちは何を考え、何を感じたのでしょうか。「イザヤ書を味わう」の第一歩はここから始まります。

「イエスは人々にこう言って話し始められた。『きょう、聖書のこのみことばが、あなたがたが聞いたとおり実現しました』」（21節）。

私たちは、こうしてイエスが会堂に立たれ、イザヤ書の巻き物が開かれるまでの様子を想像しつつ、今度はイザヤ書全体の中での六一章1―2節を検討することにより、「きょう、聖書のこのみことばが、あなたがたが聞いたとおり実現しました」ということばを聞くのです。

イエスのイザヤ書の引用

ナザレの会堂での引用だけでなく、イエスがイザヤ書から引用されたテキストは、福音書に一一か所あります。しかし、種蒔きのたとえのように、マタイ、マルコ、ルカの各福音書に共通した引用がありますので、六つにまとめることができます。

第一は、公生涯に入った時にナザレの会堂で引用されたイザヤ書六一章1―2節です。

第二は、種まきのたとえで引用されたイザヤ書六章9―10節で、これは、イエスの宣教のメッセージを聞いた人たちの反応についての説明として用いられています。

第三は、イザヤ書二九章13節、「この民は口先で近づき、くちびるでわたしをあがめるが、その心はわたしから遠く離れている。彼らがわたしを恐れるのは、人間の命令を教え込まれてのことにすぎない」で、マタイの福音書一五章7―9節とマルコの福音書七章6―8節に引用されています。イエスの弟子たちが汚れた手でパンを食べているのを見て、パリサイ人や律法学者たちがそれを非難したとき、イエスは、このイザヤ書のテキストを引用することによって、彼らを論破されました。

第四は最も重要ですが、イザヤ書五三章12節の引用です。「彼が自分のいのちを死に明け渡し、そむいた人とともに数えられたからである。」 イエスは十字架につけられる前の夜、弟子たちと最後の食事をし、いよいよゲッセマネに向かう前に、ご自分が十字架にかかって死に、「罪人たちの中に数えられた」（ルカ二二37）というイザヤ書五三章12節のことばが成就すると言われたのです。もちろん、イエスはここで、イザヤ書五二章13節―五三章12節の第四のしもべの歌全体を考えておられたに違いありません。

第五は、イザヤ書五四章13節、「あなたの子どもたちはみな、主の教えを受け」です。ユダヤ人たちがイエスにつぶやき、「あれはヨセフの子ではないか」と言ったとき、イエスは、このことばを引用し、イエスに耳を傾け、イエスに聞く者は、神の教えを聞いているのであると言われました（ヨハネ六41―48）。これは、イエスが天から下ってきた「いのちのパン」であるとのヨハネ神学を学ぶ重要な箇所ですが、実際にイエスがこのような論法でイザヤ書を引用され、それを聞いた人たちがとまどった様子を想像すると、興味深いものです。「すると、ユダヤ人たちは、『この人は、どのようにしてその肉を私たちに与えて食べさせることができるのか』と言って互いに議論し合った」（ヨハネ六52）。「弟子たちのうちの多くの者が、これを聞いて言った。『これはひどいことばだ。そんなことをだれが聞いておられようか』」（同60節）。

第六は、イザヤ書五六章7節、「わたしの家は、すべての民の祈りの家と呼ばれるからだ」です。これはマタイの福音書二一章13節、マルコの福音書一一章17節、ルカの福音書一九章46節に共通しており、十字架にかかられる数日前の出来事です。「それから、イエスは宮に入って、宮の中で売り買いする者たちをみな追い出し、両替人の台や、鳩を売る者たちの腰掛けを倒された。そして彼らに言われた。『わたしの家は祈りの家と呼ばれる』と書いてある」（マタイ二一12―13）。

イエスと種蒔きのたとえ話

イエスの公生涯は、紀元二八年から三〇年までの約二年半と考えられています。その内容は、

「教えること」、「福音を宣べ伝えること」、「あらゆる病気、あらゆるわずらいを直されること」(マタイ四23)でした。

イエスは、教えを聞いた人々の反応を、種蒔きのたとえで話されました。

「イエスは多くのことを、彼らにたとえで話して聞かされた。

『種を蒔く人が種蒔きに出かけた。蒔いているとき、道ばたに落ちた種があった。すると鳥が来て食べてしまった。また、別の種が土の薄い岩地に落ちた。土が深くなかったので、すぐに芽を出した。しかし、日が上ると、焼けて、根がないために枯れてしまった。また、別の種はいばらの中に落ちたが、いばらが伸びて、ふさいでしまった。別の種は良い地に落ちて、あるものは百倍、あるものは六十倍、あるものは三十倍の実を結んだ。耳のある者は聞きなさい』」(同一三3—9)。

この種蒔きのたとえのあとに、イエスはイザヤ書六章9—10節を引用されますが、マタイとマルコとルカではかなり違いがあります。

マタイの福音書では、「あなたがたは確かに聞きはするが、決して悟らない。確かに見てはいるが、決してわからない。この民の心は鈍くなり、その耳は遠く、目はつぶっているからである。それは、彼らがその目で見、その耳で聞き、その心で悟って立ち返り、わたしにいやされることのないためである」(一三14—15)。マルコの福音書は、「『彼らは確かに見るには見るがわからず、聞くには聞くが悟らず、悔い改めて赦されることのないため』です」(四12)とかなり短くなっています。ルカ福音書では、「彼らが見ていても見えず、聞いていても悟らないためです」(八10)と一番短くなっています。

イザヤ六章9―10節は、イザヤが神の前に出て罪の赦しを経験した後に、召命を受け、「心をかたくなにするように」とのメッセージを伝えるようにと命令された時のことばですが、マタイの福音書をはじめ共観福音書では、神のことばが人々に伝えられた時の、人間の側に焦点を当てています。イザヤ書の場合は、メッセージを伝える預言者イザヤの側に焦点があてられているのに対し、共観福音書の場合は、メッセージを受け取る側に焦点が置かれているのです。

B　ヨハネとイザヤ書

一方、ヨハネ福音書のイザヤ書の引用はまったく違った状況を背景にしています。ヨハネの福音書の著者がイエスの弟子であったヨハネであったとすれば、ヨハネの福音書を書いたときは、八十歳代の老人であったことになります。しかし、晩年のヨハネは、若いときイエスに召し出された時点から、十字架上のイエスの死を見届けるまでの約三年半、公生涯におけるイエスの言動をはっきりと覚えていました。また、長く教会の指導者であったヨハネは、当然、自由にギリシャ語で書くことができたでしょう。

「彼らが信じることができなかったのは、イザヤがまた次のように言ったからである。『主は彼らの目を盲目にされた。また、彼らの心をかたくなにされた。それは、彼らが目で見ず、心で理解せず、回心せず、そしてわたしが彼らをいやすことのないためである』」（ヨハネ一二39―40）。

イザヤ書では、民の心をかたくなにするのは預言者イザヤであり、彼の伝えるメッセージでしたが、種蒔きのたとえでは、神のことばを聞いても受け入れない民自身でした。ところが、ヨハネは「主は彼らの目を盲目にされた。また、彼らの心をかたくなにされた」と、神の経綸によると言っています。ここで、ヨハネがイザヤ書六章10節の引用と、イザヤ書五三章1節の引用と結びつけていることにより、イザヤ書はまったく新しい信仰の世界へと私たちを導きます。

「イエスが彼らの目の前でこのように多くのしるしを行われたのに、彼らはイエスを信じなかった。それは、『主よ。だれが私たちの知らせを信じましたか。また主の御腕はだれに現されましたか』と言った預言者イザヤのことばが成就するためであった」（ヨハネ一二37―38）。

種蒔きのたとえが話されたのはイエスの公生涯の初期でしたが、ヨハネの福音書一二章はイエスが十字架にかかられる直前に、イエスの公生涯を総括するまとめとしての文章になっています。ナザレの村を出て、ガリラヤ湖畔のカペルナウムで伝道を始めたイエスは、約二年半の間、宣教し、教え、癒し、さまざまなしるしを行われました。しかし、人々はイエスを信じませんでした。42節を見ると、指導者たちの中にもイエスを信じる者がたくさんいました。しかし、臆病のため、信仰を公に告白しなかったと言われています。

いずれにしても、ヨハネは、イザヤ書五三章1節と六章10節を平行的に並べて、人々の不信仰の原因をイザヤ書の預言の成就と見ています。そしてその結論として、「イザヤがこう言ったのは、イザヤがイエスの栄光を見たからで、イエスをさして言ったのである」（一二41）と結論づけています。

ここに、イザヤ書を味わう最も大切なポイントがあります。

イエスと同時代の人々は、イエスを目の前にしながらイエスを信じることができませんでした。反対に、イエスよりも七百年前のイザヤは、イエスを見ることができませんでしたが、イエスの栄光を見たのです。そして、その両面を説明することばが、イザヤ書五三章1節と六章10節です。さらに、五三章1節は、五二章13節―五三章12節の段落全体、六章10節は六章全体の文脈の中でその意味を明らかにします。ヨハネによれば、「イザヤ書を味わう」秘訣とは、イザヤ書全巻六十六章を、六章1―13節と五二章13節―五三章12節に焦点を当てて読むことにほかなりません。

C　使徒の働き八章におけるイザヤ書の引用

ステパノの殉教に次いで、「エルサレムの教会に対する激しい迫害が起こり、使徒たち以外の者はみな、ユダヤとサマリヤの諸地方に散らされた」（使徒八1）。エルサレムでの迫害によって、ユダヤとサマリアに散らされたイエスの弟子たちの中にピリポがいました。「主の使いがピリポに向かってこう言った。『立って南へ行き、エルサレムからガザに下る道に出なさい』」（同26節）。

こうして、ピリポがエチオピアの宦官に伝道することによって、エチオピア全体にキリスト教が伝えられ、今日のコプト教会が誕生することになります。サマリアからガザに下る道までは、どれぐらいかわかりませんが、少なくとも一〇〇キロぐらいは離れていたと思われます。

この物語には、普通では考えられない不思議なことがあります。

ピリポはサマリアからエルサレムを経て、テルアビブへ向かう道を西に下って行きました。途中、現在のキリアテ・ヤリムのあたりで西南に向かい、ガザへの道で宦官の馬車に出会うためには、「主の使い」の導きが必要でした。御使いはピリポに「行きなさい」と命じるだけでなく、ちょうどエルサレムから帰る宦官にタイミングよく会えるようにも導きました。

ピリポが近づいたとき、宦官は「預言者イザヤの書を読んで」いました。しかもイザヤ書五三章7―8節を読んでいたのです。「御霊がピリポに『近寄って、あの馬車といっしょに行きなさい』と言われた」とありますが、普通であれば高官の馬車に一般の人は近づけないはずです。御霊の助けによって、それができたという意味でしょう。

イザヤ書五三章7―8節はイザヤ書五三章の中心であり、イザヤ書五三章はイザヤ書の中心です。しかし、それを何回か読めば、意味がわかるというものではなかったようです。ピリポが「あなたは、読んでいることが、わかりますか」と尋ねたとき、宦官は「導く人がなければ、どうしてわかりましょう」と言い、ピリポの馬車に乗っていっしょに座るように頼みました。

ピリポはイザヤ書の解説をするためでなく、「この聖句から始めて、イエスのことを彼に宣べ伝えた」のです。「宣べ伝えた」はギリシャ語で「エウアンゲリゾー」であり、名詞形は「エウアンゲリオン」（福音）です。ピリポが「この聖句から始めて」どのようにイエスの生涯、十字架、復活に及んだのかは不明ですが、ピリポに馬車に近づくように命じた御霊は、ピリポの話す間も共にいて、宦官の心を開いて福音を受け入れさせられました。

夏のパレスチナであれば、地面は乾き、なかなか水のある所はなかったでしょう。ピリポの説教は、「信じてバプテスマを受ける者は救われる」を含んでいました。

宦官がバプテスマを受けるとすぐに、「主の霊がピリポを連れ去られ」ました。このことは、ピリポの宦官との出会いが徹頭徹尾、聖霊から始まり、聖霊で終わる枠の中で展開していることを示しています。

イザヤ書が読まれて、学ばれていきながら、聖霊の導きの中で、新約聖書に語られているイエス・キリストの十字架と復活と結びついて、福音として心に受け入れられる不思議な働きを、ピリポの物語は私たちに示します。イザヤ書、特に五三章は特別の意味をもって、イエス・キリストの十字架の奥義を語っているのです。

2　エレミヤ書からの引用

エレミヤ書の新約聖書の引用は一〇か所ありますが、重要なのは四か所です。

A　イエスの引用

マルコの福音書八章でイエスは四千人ほどの人々に、七つのパンで腹いっぱい食べさせましたが、その後、舟に乗って向こう岸のベツサイダに行かれました。そのとき、弟子たちはパンを持って来ることを忘れて、舟の中で互いに口論を始めました。その様子を見て、イエスは「なぜ、パンがないといって議論しているのですか。まだわからないのですか、悟らないのですか。心が堅く閉じているのですか。目がありながら見えないのですか。耳がありながら聞こえないのですか」（17―18節）と弟子たちをお叱りになりました。ここで、イエスは、エレミヤ書五章21節の「愚かで思慮のない民よ。彼らは、目があっても見えず、耳があっても聞こえない」のことばを考えておられたともとれますし、イザヤ書六章9―10節の「心をかたくなにせよ」の宣教命令を考えておられたかもしれません。

B　パウロの引用

パウロは、コリントの教会の救われた人々に、彼らの救われた状況を回顧させつつ、「まさしく、『誇る者は主を誇れ』と書いてあるとおりになるためです」（Ⅰコリント一31）とエレミヤ書九章24節を引用しています。エレミヤ書九章24節には、「誇る者は、ただ、これを誇れ。悟りを得て、わたしを知っていることを。わたしは主であって、地に恵みと公義と正義を行う者であり、わたしがこれらのことを喜ぶからだ」と言われていますが、パウロはもちろん九章23―24節全体を考えたでしょうし、また、手紙を受け取った人もそのように理解したに違いありません。

C　マタイの引用

ベツレヘムで幼子イエスを礼拝した博士たちは、来たときと違った道を帰って行きました。ヘロデは、博士たちにだまされたことを知り、非常に怒って、ベツレヘムとその近辺の二歳以下の男の子を皆殺しにしました。マタイは、「そのとき、預言者エレミヤを通して言われた事が成就した」（二17）と言って、エレミヤ書三一章15節を引用しています。

マタイの福音書二七章では、イエスを裏切ったユダは銀貨三十枚を祭司長、長老たちに返しましたが、彼らはその金で陶器師の畑を買い、旅人たちの墓地にしました。マタイはそれを「預言者エレミヤを通して言われた事が成就した」と言って、「彼らは銀貨三十枚を取った。イスラエルの人々に値積もりされた人の値段である。彼らは、主が私にお命じになったように、その金を払って、陶器師の畑を買った」（二七9―10）と引用しています。ところが、エレミヤ書にそのようなことばはなく、一八章2―4節に、エレミヤが陶器師の家に行ったことが書かれているだけです。むしろ、ゼカリヤ書一一章13節に、銀三十枚を取り、それを主の宮の陶器師に投げ与えたことが言われています。

D　ヘブル人への手紙の引用

ヘブル人への手紙の著者は八章において、「以上述べたことの要点はこうです」と大祭司キリストが天におられる大能者の右の御座に着座し、主が設けられた真実の幕屋である聖所で仕えておられることを強調します。キリストはいつも生きていて、信仰者のために、とりなしをしてくださっているのです。それは、モーセによる古い契約と違ったまったく新しい契約です。そして、エレミヤ書三一章31―34節の長いことばをほとんどそのまま、八章8―12節に引用します。

次の章では、新しい契約に入れられた私たちについて、次のように言われます。「キリストが傷のないご自身を、とこしえの御霊によって神におささげになったその血は、どんなにか私たちの良心をきよめて死んだ行いから離れさせ、生ける神に仕える者とすることでしょう」（九14）。

さらに、一〇章16節では、エレミヤ書三一章31―34節の一部である33節だけが引用されますが、それについてヘブル人への手紙の著者は、エレミヤではなく、「聖霊も私たちに次のように言って、あかしされます」（一〇15）と言っています。ここには、エレミヤを通して聖霊が語られたとの理解があります。

3　エゼキエル書からの引用

エゼキエル書からは四か所、新約聖書に引用されていますが、いずれも明確な引用とは言えません。三四章にある良い牧者と悪い牧者のたとえは全体的に、ヨハネの福音書一〇章1―15節のイエスのことばに反映していると考えられます。

4　ホセア書からの引用

ホセア書には六か所が新約聖書に引用されています。

パウロはローマ人への手紙九章に、異邦人の救いについて述べますが、その証拠としてホセア書とイザヤ書のテキストを引用します。25節でははっきりと「ホセアの書でも言っておられるとおりです」と言い、「わたしは、わが民でない者をわが民と呼び、愛さなかった者を愛する者と呼ぶ。『あなたがたは、わたしの民ではない』と、わたしが言ったその場所で、彼らは、生ける神の子どもと呼ばれる」と引用しています。ホセアの妻ゴメルは三人目の子どもに「ロ・アミ」（わたしの民でない）と名づけました。しかし、ホセア書一章10節では、「彼らは、『あなたがたはわたしの民ではない』と言われた所で、『あなたがたは生ける神の子らだ』と言われるようになる」と預言されています。パウロはこれを異邦人の救いの預言と解釈しました。

パウロはコリント人への手紙第一、一五章で復活の教えを述べていますが、最後にホセア書一三章14節の「死よ。おまえのとげはどこにあるのか。よみよ。おまえの針はどこにあるのか」を、イザヤ書二五章8節の「永久に死を滅ぼされる」を「死は勝利にのまれた」に言い換えた後に、引用しています。

イエスは、三回、ホセア書から引用しておられます。マタイの福音書九章13節と一二章7節に、ホセア書六章6節の「わたしは誠実を喜ぶが、いけにえは喜ばない」が引用されていますが、「誠実」（ヘセド）は「あわれみ」とも訳すことができます。イエスはこのテキストを思い出しながら、取税人や罪人たちと食事をし、また安息日を破られたのです。

ピラトによって死刑の判決を受け、ゴルゴタの丘にひかれて行くイエスを見て、多くの女たちが嘆き悲しみながらついて行きました。その女たちを見て、イエスは「わたしのことで泣いてはいけない。むしろ自分自身と、自分の子どもたちのことのために泣きなさい」と語り、終わりの日が来ると、人々が山に向かって「われわれの上に倒れかかってくれ」と言い、丘に向かって「われわれをおおってくれ」と言い始めると預言されました（ルカ二三27―31）。十字架にかかる寸前において、嘆き悲しむ女性に向かって、ホセア書一〇章8節を引用しながら、彼女たち自身のことを配慮されるイエスを思うとき、「まことにこの方は神の子である」と言わざるを得ないのです。

マタイは、ヨセフがイエスを連れてエジプトに逃れ、ヘロデの死後、エジプトから帰って来たことをホセア書一一章1節の成就として解釈しています。「わたしの子をエジプトから呼び出した」は出エジプトを意味しますが、マタイはこれを「主が預言者を通して、『わたしはエジプトから、わたしの子を呼び出した』と言われた事が成就するためであった」（二15）とイエスに適用しました。

5　ヨエル書からの引用

ペンテコステの日にペテロはヨエル書を引用しました（使徒二17―21）。イエスがよみがえられてから五十日、天に昇られてから十日、五旬節の日の朝九時、弟子たちが集まって祈っているところに聖霊が降りました。人々は弟子たちがそれぞれ、他国のことばで話しだすのを聞いて驚きあきれてしまいました。そのときペテロが立って、ヨエル書二章28―32節を引用し、ヨエルの預言が今成就したと宣言しました。ヨエルの預言した「その後」（アハレー・ケーン）は、ペテロによって「終わりの日」（エン・タイス・エスカタイス・ヘーメライス）と言い換えられて、聖霊降臨日とそれに続くしばらくの期間を指すものと解釈されています。ヨエルの時代も、イエスの時代も、青年も老人も夢や幻をもてなくなっていましたが、聖霊が降るとき、状況は一変します。現代もそれと似た状況です。

6　アモス書からの引用

アモス書は使徒の働きに二回引用されています。七章にはステパノの殉教が記録されていますが、それは彼が議会で長い説教をした結果でした。ステパノはアモス書五章25―27節を、「預言者たちの書に書いてあるとおりです」と言って引用し（使徒七42―43）、大祭司や律法学者たちも、アモスの時代と同じように、まことの神に背を向け、他の神々を拝んでいると非難しました。

もう一つの箇所は、エルサレム会議でのヤコブの発言で（使徒一五13―21）、アモス書九章11―12節の一部、「エドムの残りの者と、わたしの名がつけられたすべての国々を手に入れるためだ」を「残った人々、すなわち、わたしの名で呼ばれる異邦人がみな、主を求めるようになるためである」（使徒一五17）と大きな変更を加えて引用し、パウロとバルナバの異邦人伝道を擁護しています。

7　ヨナ書からの引用

イエスは、律法学者やパリサイ人が「しるし」を求めたとき、お答えになりました。「悪い、姦淫の時代はしるしを求めています。だが預言者ヨナのしるしのほかには、しるしは与えられません。ヨナは三日三晩大魚の腹の中にましたが、同様に、人の子も三日三晩、地の中にいるからです」（マタイ一二39―40）。これは明らかにご自分の復活についての預言ですが、同時に、人々に悔い改めを強く迫ることばでもあります。ヨナ書からの逐語的な引用というよりも、人々が愛読したヨナの例を引いて、ご自分の復活について預言し、また悔い改めを迫られたと言えるでしょう。

8　ミカ書からの引用

ミカ書はマタイ福音書に二回引用されています。

一つはベツレヘムでのイエスの誕生についての預言です。「ベツレヘム・エフラテよ。あなたはユダの氏族の中で最も小さいものだが、あなたのうちから、わたしのために、イスラエルの支配者になる者が出る」（ミカ五2）。東から来た博士たちは、ヘロデの前でこのテキストを引用し（マタイ二6）、ベツレヘムでユダヤ人の王がお生まれになったと告げました。

今一つの箇所はマタイの福音書一〇章35―36節で、イエスが、親子、家族の争いについて言及しておられるテキストですが、これはミカ書七章6節（「息子は父親を侮り、娘は母親に、嫁はしゅうとめに逆らい、それぞれ自分の家の者を敵としている」）の引用というよりも反映と言うべきでしょう。もちろん、イエスがこのミカ書のテキストをよく知っておられたことは確かです。

9 ハバクク書からの引用

ハバクク書は新約聖書に二回引用されていますが、いずれもパウロによる引用です。

第一次伝道旅行で、パウロがピシデアのアンテオケの会堂で話したとき、その説教の締めくくりに、ハバクク書一章5節を引用して、神の恵みにとどまるように勧めました（使徒一三40―41）。ハバククの場合は、神がユダの民の不信仰を罰するためにカルデア人を起こして、攻めさせることですが、パウロの場合は、イエスの十字架の福音を聞いて、これを受け入れるようにとの勧めの意味に解釈されて、引用されています。

ローマ人への手紙一章17節では、パウロがハバクク書二章4節、「信仰による義人は生きる」を引用しています。ルターは、ローマ人への手紙一章17節の一言の解釈によって宗教改革の扉を開きました。

「ところで以前、私はローマの信徒への手紙におけるパウロを理解したいという不思議な思いにとらえられていたが、それを果たすのを妨げていたのは私の不熱心さではなくて、ひとつのことば、すなわち、ローマの信徒への手紙第一章の『神の義はその福音の中に啓示された』ということばであった。私はこの『神の義』ということばを憎んでいたが、それは、すべての教会学者の用法と習慣とによって、そのことばを哲学的に、いわば形式的、能動的義として、すなわち、その義によって神の義であり、且つ、罪人と不義なものを罰する、というように理解するように教えられていたからであった。」

「だが、神は私を憐れんでくださった。私は『神の義は福音の中に啓示された。義人は信仰によって生きると書かれているとおりである』ということばのつながりに注目して、日夜絶え間なくそれを熟考していた。そのとき私は、神の義によって義人は賜物を受け、信仰によって生きるという具合に『神の義』を理解しはじめた。これこそまさしく、神の義は福音によって啓示されたということであり、神はその義により憐れみを持って信仰により私たちを義としてくださるという具合に受動的義として理解し始めたのである。まさに、『義人は信仰によって生きる』とあるとおりである。今や私はまったく新しく生まれたように感じた。戸は私に開かれた。私は天国そのものに入った。全聖書も私に対して別の姿を示した。私は記憶の及ぶ限り聖書の中から、他のことばで似たようなものを集めてみた。すなわち、神の働きとは、それによって神が私たちの中で働くもの。神の力とは、それによって神が私たちを力ある者となさるもの。神の知恵とは、それによって神が私たちを知恵ある者となさるもの。その外、神の強さ、神の救い、神の光などである」(『ラテン語著作集』第一巻への自序)。

ルターのこのことばは、ローマ人への手紙一章17節の理解が聖書全体の理解の要であることを示しています。このみことばを正しく理解することが、聖書全体を正しく理解することにつながっています。

ところが、ローマ人への手紙一章17節にハバクク書二章4節が引用されていることは、それほど簡単ではありません。まず日本語訳を見てみましょう。

ハバクク二章4節

〈文語訳〉 視よ彼の心は高ぶりその中にありて直からず然ど義《ただし》き者はその信仰よりて活くべし

〈口語訳〉 見よ、その魂の正しくない者は衰える。しかし義人はその信仰によって生きる。

〈新改訳〉 見よ。彼の心はうぬぼれていて、まっすぐでない。しかし、正しい人はその信仰によって生きる。

ローマ一章17節

神の義はその福音のうちに顕れ、信仰より出でて信仰に進ましむ。録して「義人は信仰によりて生くべし」とある如し。

神の義は、その福音の中に啓示され、信仰に始まり信仰に至らせる。これは、「信仰による義人は生きる」と書いてあるとおりである。

なぜなら、福音のうちには神の義が啓示されていて、その義は、信仰に始まり信仰に進ませるからです。「義人は

〈新共同訳〉見よ、高慢な者を。
彼の心は正しくありえない。
しかし、
神に従う人は信仰によって生きる。

〈岩波訳〉見よ、増長している者を。
（鈴木）その魂はまっすぐでない。
義《ただ》しい者は、
その信仰によって生きる。

〈フランシスコ会訳〉
見よ、

信仰によって生きる」と書いてあるとおりです。

福音には、神の義が啓示されていますが、それは、初めから終わりまで信仰を通して実現されるのです。「正しい者は信仰によって生きる」と書いてあるとおりです。

（青野）神からの義はその福音において啓示されるのであり、それは信仰から出て信仰へと至るのである。次のように書かれている。信仰によって義（とされた）者は生きるであろう。

人を救うのは神の義であり、それはひ

心がまっすぐでない者は崩れ去る、
しかし、正しい人は
その誠実さによって生きる。

とえに信仰を通して与えられることが、福音に現れています。「正しい人は信仰によって生きる」と記されているとおりです。

パウロは、ハバクク書二章4節の「ツァディーク・ベエムーナートー・イフイェー」を、ギリシャ語で「ホ・デ・ディカイオス・エク・ピステオース・ゼーセタイ」と訳して引用しています。ギリシャ語でこのように書きながら、ヘブル語を母国語とし、ハバクク書もヘブル語聖書でよく知っていたパウロの脳裏にあった思いはどのようなものであったのでしょうか。

10　ハガイ書からの引用

ハガイは前五二〇年、長い間、中止されていた神殿工事の再建のため、立ち上がりました。そのとき、「もう一度、わたしは天と地と、海と陸とを揺り動かす」（二6）、「わたしは天と地とを揺り動かし」（同21節）と預言して、工事する人々を励ましましたが、ヘブル人への手紙の著者は、「あのときは、その声が地を揺り動かしましたが、このたびは約束をもって、こう言われます。『わたしは、もう一度、地だけではなく、天も揺り動かす』」（一二26）と言い、前半は、出エジプトでのシナイ山の出来事（出エジプト一九18）、後半はハガイの預言を文字どおり引用して、それと対照的な何ものにも揺るがされることのない御国を私たち信仰者が受けていることを強調しています。

11　ゼカリヤ書からの引用

ゼカリヤ書一一章12―13節、「私は彼らに言った。『あなたがたがよいと思うなら、私に賃金を払いなさい。もし、そうでないなら、やめなさい。』　すると彼らは、私の賃金として、銀三十シェケルを量った。主は私に仰せられた。『彼らによってわたしが値積もりされた尊い価を、陶器師に投げ与えよ。』　そこで、私は銀三十を取り、それを主の宮の陶器師に投げ与えた」。この預言をマタイはエレミヤの預言として引用しています（マタイ二七9―10）。エレミヤが陶器師の家に行くことは、エレミヤ書一八章2―3節に言及されていますが、三十シェケルの値積もりについては言われていません。エレミヤ書一八章2節の「立って、陶器師の家に下れ。そこで、あなたに、わたしのことばを聞かせよう」と、マタイの福音書二七章10節の「彼らは、主が私にお命じになったように、その金を払って、陶器師の畑を買った」を結びつけたのかもしれません。

12　マラキ書からの引用

マルコ福音書は、バプテスマのヨハネから福音書を書き始めています。

「預言者イザヤの書にこう書いてある。

『見よ。わたしは使いをあなたの前に遣わし、

あなたの道を整えさせよう。

荒野で叫ぶ者の声がする。

「主の道を用意し、

主の通られる道をまっすぐにせよ。」』」（一2―3）

後半はイザヤ書四〇章3節の引用ですが、前半はマラキ書三章1節の引用です。

イエスは、獄に入れられたバプテスマのヨハネの質問に答えた後、群衆にバプテスマのヨハネがマラキ書三章1節に預言されていた「使い」にほかならないと言われました（マタイ一一10、ルカ七27）。また、「預言者エリヤをあなたがたに遣わす」（マラキ四5）を受けて、「実はこの人こそ、きたるべきエリヤなのです」と断言されました（マタイ一一14）。変貌の山から降りて来たときには、「エリヤはもうすでに来たのです。ところが彼らはエリヤを認めようとせず、彼に対して好き勝手なことをしたのです」（マタイ一七12。参照マルコ九12―13）と述べて、バプテスマ

のヨハネが殺されたことに言及されました。

バプテスマのヨハネが生まれるとき、主の使いガブリエルが父ザカリヤに現れて、男の子を産むと告げました。そして「彼こそ、エリヤの霊と力で主の前ぶれをし、父たちの心を子どもたちに向けさせ、逆らう者を義人の心に立ち戻らせ、こうして、整えられた民を主のために用意するのです」（ルカ一17）と、旧約聖書の最後、つまりマラキ書四章6節のことばを引用しました。

また、ヨハネが生まれると、ザカリヤは聖霊に満たされて、イスラエルの神を賛美しました。その中で、「幼子よ。あなたもまた、いと高き方の預言者と呼ばれよう。主の御前に先立って行き、その道を備え」（ルカ一76）とマラキ書三章1節から引用し、また「暗黒と死の陰にすわる者たちを照らし」（ルカ一79）とイザヤ書九章2節から引用しています。

まとめ

私たちは、預言書からの新約聖書の引用について概観しました。預言書はヘブル語で、新約聖書はギリシャ語で書かれていますから、両者を比較するには、いつも二つの言語の違いを知って考察する必要があります。ヘブル語はセム語に属し、動詞の時制は完了と未完了で、ギリシャ語のような、過去、現在、未来の区別はありません。

また、一つのヘブル語の単語に、それにまったく一致するギリシャ語の単語を見いだすことはできません。イエスはアラム語を日常語とし、マタイ、マルコ、ヨハネもそれを日常語としていたと考えられます。ペンテコステの日に教会が誕生すると、そこには、アラム語を話すユダヤ人と、ギリシャ語を話すユダヤ人が混在しました。イエスの言動はすぐギリシャ語の伝承として、ギリシャ語を話すユダヤ人の間に受け継がれ、一方ではアラム語の伝承も受け継がれていったと思われます。それが、どのように六〇年代の共観福音書として、つまりギリシャ語の福音書として定着したかについて、三十年以上の年月の変遷を正しく復元することは不可能です。また、ユダヤ人であり、アラム語（ヘブル語）を母国語とするパウロやペテロ、ヨハネが初めからギリシャ語で書いた手紙も、彼らの背後にある旧約聖書の知識やヘブル語的な語感のあったことを無視して解釈することはできません。

いずれにしても、イエスも福音書記者もパウロも、モーセ五書と預言書と詩篇を暗記し、そこから自由にテキストを選び、会話や記録や手紙の内容に適切な引用をしたに違いありません。しかし、預言書からの新約聖書の引用を考察したとき、多くの引用には、現在の私たちの理解を超えた引用が多くありました。しかも、それが聞き手あるいは読み手にも的確に伝達され、受容者を励まし、戒め、またあるときには、怒らせるように機能したことがわかりました。たとえその一部であっても、私たちは想像力をできるだけ働かせながら、その意味を問い続け、現代の私たちへのメッセージとして受け取れるまで、辛抱強く作業を継続しなければなりません。

Ⅲ　各預言書を味わう

後預言書（三大預言者、十二小預言者）預言者一覧表

〈書名〉	〈章数〉	〈著者〉	〈年代〉	〈メッセージ〉
イザヤ書	六十六	アモツの子イザヤ	前七四〇年ごろから約六十年間	心をかたくなにするようにとの宣教命令と、苦難のしもべのメッセージ。
エレミヤ書	五十二	アナトテの祭司ヒルキヤの子エレミヤ	前六二七年から約五十年間	ユダに対するさばきと、新しい契約の結ばれる日。
エゼキエル書	四十八	ブジの子、祭司エゼキエル	前五九三年から約二十年間	罪は必ず罰せられる。しかし神は、見捨てられることはない。
ホセア書	十四	ベエリの子ホセア	前七五〇年ごろから約三十年間	姦淫に象徴される罪に堕落したイスラエルをなおも愛される主。

ヨエル書	三	ペトエルの子ヨエル	不明	主の日についての預言。それはさばきの日、霊の注がれる日。
アモス書	九	テコアの牧者アモス	前七六〇年ごろ	イスラエルへのさばき。
オバデヤ書	一	オバデヤ	不明	エドムに対するさばきとシオンの回復。
ヨナ書	四	アミタイの子ヨナ	前七六〇年ごろ	預言者の不従順と召命の不変性。
ミカ書	七	モレシェテ人ミカ	前七四〇年ごろから約四十年間	社会不正などの罪に対するさばき。
ナホム書	三	エルコシュ人ナホム	前六六八年と六一二年の間	ニネベの陥落。
ハバクク書	三	ハバクク	前六二〇年ごろ	高ぶる者の運命。義人の立場。
ゼパニヤ書	三	ヒゼキヤから四代のゼパニヤ	前六二〇年ごろ	近づきつつあるさばき。

ハガイ書	二	ハガイ	前五二〇年	主のために働け。
ゼカリヤ書	十四	ベレクヤの子ゼカリヤ	前五二〇—五一五年	主に立ち返り、主の御国のために働け。輝かしい御国の幻。
マラキ書	四	マラキ	前四三〇年ごろ	悔い改める者への祝福。

この本の冒頭で述べたように、預言書には三大預言書と十二小預言書があります。両者の区別は、もちろんその長さにあります。イザヤ書は六十六章、エレミヤ書は五十二章、エゼキエル書は四十八章に対し、一番長いホセア書が十四章、ヨエル書が三章、アモス書が九章、オバデヤ書に至っては一章しかありません。ヨナ書が四章、ミカ書が七章、ナホム書が三章、ハバクク書が三章、ゼパニヤ書が三章、ハガイ書が二章、ゼカリヤ書がかなり長く十四章、最後のマラキ書が四章です。書巻が長いということは、預言者の活動期間が長いことを意味します。イザヤの場合は、少なく見積もって四十年、エレミヤもエゼキエルもやはり四十年くらいと考えられます。それに対して、たとえばハバククの場合は、わずか二か月です。ゼカリヤは、長くても紀元前五二〇年から神殿完成までの五年間でした。

イザヤ、エレミヤ、エゼキエルが長期にわたって預言をしたことは、預言の内容を、彼らの置かれた状況を背景にして考察する必要があることを示唆しています。イザヤが召命を受けた時は、北王国が存在していましたが、前七二一年にサマリアが陥落すると、ユダ王国だけが残りました。エレミヤとエゼキエルは、三回にわたる捕囚の運命と、エルサレムが陥落してユダ王国も滅んだ後の背景を考慮する必要があります。

この三人の預言者の中では、もちろんイザヤが最大の預言者です。

イザヤ書

それでは、この六十六章に及ぶイザヤ書を味わうには、どうしたらよいでしょうか。それは、ヨハネが言っているように、中心を把握することです。ヨハネは、ヨハネの福音書一二章39―40節に言われている「心をかたくなにするようにとの宣教命令」と、その前の37―38節のイザヤ五三章1節を結合して考察することです。

さらに、八十年に及ぶイザヤの生涯と関わらせて考察することです。たとえば、イザヤ書四〇章31節、「主を待ち望む者は新しく力を得、鷲のように翼をかって上ることができる」を四十歳のイザヤの預言ととるか、六十歳のイザヤの預言ととるか、それとも八十歳のイザヤの預言ととるかによって、味わい方がまったく変わってきます。

詳細の注解は、拙著『イザヤ書注解〈上〉〈下〉』、『イザヤ書を味わう』（いのちのことば社、二〇一四年）に記しましたので、参照ください。とにかく、先の二点についてイザヤ書を考察することが大切であるということを述べておきたいと思います。

エレミヤ書

執筆年代と著者について

エレミヤは「ヤハウェ（主）は高められる」という意味です。彼は祭司ヒルキヤの子として、エルサレムの北東四キロの地点にあるアナトテに生まれました。シロの祭司エリの直系という由緒ある祭司でした。

エレミヤが預言者として召されたのは、ユダの王ヨシヤの第十三年、すなわち、前六二七年でした。その時、二十歳くらいであったと思われます。エレミヤの預言活動の最初は、ヨシヤ王の宗教改革（Ⅱ列王二二1―二三25）へ向かっての良い時代でした。

「ヨシヤは八歳で王となり、エルサレムで三十一年間、王であった。彼の母の名はエディダといい、ボツカテの出のアダヤの娘であった。彼は主の目にかなうことを行って、先祖ダビデのすべての道に歩み、右にも左にもそれなかった」（1―2節）。

エレミヤが召命を受けたときは、ヨシヤ王によって祖父マナセ王や父アモン王の偶像礼拝が排除されていたと思われます。それを徹底したのが前六二〇年の宗教改革でした。

「彼はユダの町々から祭司たちを全部連れて来て、ゲバからベエル・シェバに至るまでの、祭司たちが香をたいていた高き所を汚し、門にあった高き所をこわした」(Ⅱ列王二三8)。

ヨシヤの革命は、祖父マナセの偶像礼拝から、二代前のアハズの偶像礼拝に及び、さらに、サマリア陥落以前のイスラエルの王たちが造って、主の怒りを引き起こしたサマリアの町々の高き所の宮をすべて取り除きました(同19節)。また、ソロモンが異邦人の神々を拝むために造っていた高き所も除きました(同13節)。

エレミヤの召命は前六二七年で、預言の最後の時も明らかです。「ヨシヤの子、ユダの王ゼデキヤの第十一年の終わりまで」(エレミヤ一3)つまり前五八六年までです。エレミヤ書は、前五六二年のエホヤキンの釈放の記録で終わっていますが、五一章64節の「ここまでが、エレミヤのことばである」で、エレミヤの預言は終わり、五二章は歴史的な記録の追加です。

エレミヤの召命

彼の召命については、次のように言われています。

「次のような主のことばが私にあった。

『わたしは、あなたを胎内に形造る前から、

あなたを知り、
あなたが腹から出る前から、あなたを聖別し、
あなたを国々への預言者と定めていた。』」（エレミヤ一4―5）

イザヤは主のしもべについて、「島々よ。私に聞け。遠い国々の民よ。耳を傾けよ。主は、生まれる前から私を召し、母の胎内にいる時から私の名を呼ばれた」（イザヤ四九1）と述べていますが、これはイザヤの預言の中に登場する主のしもべの召命についての預言で、実在の預言者としてはエレミヤをおいてほかにはありません。主のことばを聞いて、驚き、躊躇するエレミヤに、主はアーモンドの枝をお見せになりました。

「次のような主のことばが私にあった。『エレミヤ。あなたは何を見ているのか。』そこで私は言った。『アーモンドの枝（マッケール・シャーケード）を見ています。』すると主は私に仰せられた。『よく見たものだ。わたしのことばを実現しようと、わたしは見張っている（ショーケード）からだ』」（同11―12節）。

ここにはヘブル語での語呂合わせがあります。アーモンドはヘブル語で「シャーケード」といいますが、「見張る」はヘブル語で「シャーカド」です。「わたしは見張っている」の動詞は「シャーカド」の分詞形で、エレミヤが忠実に神のことばを語るかどうかを、神はずっと見張っていると言われたのです。

つまり、エレミヤはアーモンドの枝を見るたびに、「神のことばを忠実に伝えているかどうか

を見張っておられる」神の臨在の気配を感じたに違いありません。アーモンドの花は年の初めに咲きます。花であれば、年頭の数か月だけですが、枝の場合は年中、目につきますから、エレミヤは年中、神が自分を見ておられる気配を感じたのです。

次に、エレミヤは「煮え立っているかま」を見ました（同13節）。それは、北のバビロン軍がやって来て、ユダのすべての町に降りかかるわざわいの象徴でした。そして最終的には、前五八六年のエルサレムの壊滅と神殿の破壊にまで至ります。

詩人エレミヤ

イザヤ、エゼキエル、ホセア、アモスなど他の預言者に見られないエレミヤの特徴は、その詩的感覚です。彼の召命が「アーモンドの枝」や「煮え立っているかま」の幻と結びついているように、その預言の多くは、自然の諸現象を見て、普通の人にはない詩的感情が結びついてなされています。

まず、空の鳥が取り上げられます。

「空のこうのとりも、自分の季節を知っており、
山鳩、つばめ、つるも、自分の帰る時を守るのに、
わたしの民は主の定めを知らない。」（八7）

「しゃこが自分で産まなかった卵を抱くように、
公義によらないで富を得る者がある。」（一七11）
エレミヤは、しゃこが自分の産まなかった卵を抱く習性を知っていました。同時にそれを、偽って富を増やす者の姿と結びつけるところに、エレミヤ独特の感性があります。
また、動物の例を引きます。
「あなたは、道をあちこち走り回るすばやい雌のらくだ、
また、荒野に慣れた野ろばだ。
欲情に息はあえぐ。
そのさかりのとき、だれがこれを静めえようか。
これを捜す者は苦労しない。
その発情期に、これを見つけることができる。」（二23―24）
エレミヤは、バアル神を拝む背信のイスラエルを発情期の雌のらくだや野ろばにたとえていますが、その連想力には独自のものがあります。
「クシュ人がその皮膚を、
ひょうがその斑点を、変えることができようか。
もしできたら、悪に慣れたあなたがたでも、

善を行うことができるだろう。」（一三23）

これはたとえば、「愚か者は心の中で、『神はいない』と言っている。彼らは腐っており、忌まわしい事（不正）を行っている。善を行う者はいない」（詩篇一四1、五三1）などの詩篇の表現とはまったく違った連想です。

エレミヤの詩人としての観察は、植物、鳥、動物から、自然の事物に及びます。

「天よ。このことに色を失え。
おぞ気立て。干上がれ。
——主の御告げ——
わたしの民は二つの悪を行った。
湧き水の泉であるわたしを捨てて、
多くの水ためを、
水をためることのできない、こわれた水ためを、
自分たちのために掘ったのだ。」（エレミヤ二12—13）

パレスチナでは、水を得ることが非常に難しく、そのため人々は苦労して、井戸を掘りますが、多くは徒労に終わります。エレミヤはその姿を見ながら、まことの神を捨てて、異邦の神々を拝む背信のユダの罪をあばきます。

さらに、ユダの罪を鉄の筆とダイヤモンドのとがりにたとえます。

「ユダの罪は鉄の筆と金剛石のとがりでしるされ、
彼らの心の板と彼らの祭壇の角に刻まれている。」（一七1）

実際に筆の先にダイヤモンドのとがりのついた鉄の筆は存在しなかったでしょうが、エレミヤは、そのような筆記具を想像し、それによってやはり想像上の心の板と祭壇の角にしっかりと刻み、もはや何ものでも消し去ることのできない罪の深さを表現しています。ここでは、エレミヤの想像力は、堅いダイヤモンドという材料から、それが書き記されるユダの心の板にまで及んでいます。エレミヤは、自然の事物を詳細に観察しながら、さらにそれを超えた心の内までを感じ取る独特の感覚をもった詩人でした。

エレミヤの預言者としての活動

エレミヤの預言者活動は大別して、初期、中期、後期の三つに分けることができます。

初期の預言（**前六二七―六〇九年**）

前六二七年のエレミヤの召命から、前六二〇年のヨシヤの革命を経て、前六〇九年、ヨシヤ王の戦死まで、ほぼ二十年間、預言者活

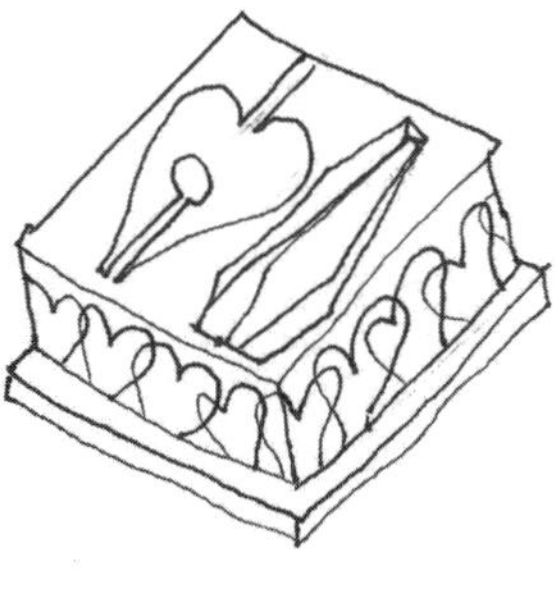

動の最も充実した時代でした。
しかしエレミヤは、鋭い霊的洞察によって、ヨシヤの改革によっても、人々の心は変わっていないことを見抜いていました。エレミヤ書一―六章はヨシヤ時代のものと考えられますが、そこには厳しいことばが述べられています。

「エルサレムのちまたを行き巡り、
さあ、見て知るがよい。
その広場で捜して、だれか公義を行い、
真実を求める者を見つけたら、
わたしはエルサレムを赦そう。
たとい彼らが、
『主は生きておられる』と言っても、
実は、彼らは偽って誓っているのだ。」（五1―2）
「彼らはみな、かたくなな反逆者、
中傷して歩き回り、青銅や鉄のようだ。
彼らはみな、堕落した者たちだ。
ふいごで激しく吹いて、
鉛を火で溶かす。

鉛は溶けた。溶けたが、むだだった。

悪いものは除かれなかった。

彼らは廃物の銀と呼ばれている。

主が彼らを退けたからだ。」（六28―30）

エレミヤは結婚することを禁じられました。

「あなたは妻をめとるな、またこの所で、息子や娘を持つな」（一六2）。

ヨシヤ王が死んだ年に、エレミヤは四十歳近くになっていました。表面的には宗教改革は成功していたように見えましたが、実際はうわべだけで、ヨシヤ王の後を継いだ王たちはいずれも偶像礼拝に走り、国運は急速に傾きました。北からの脅威は徐々に増し、エレミヤが妻をめとらないようにという神の命令を受けたことは、後半生の厳しい預言者生活を生き抜くための備えだったわけです。

中期の預言（**前六〇九―五九八年**）

ヨシヤ王が戦死すると、その子エホアハズが王となりました（Ⅱ列王二三31）が、彼は「主の目の前に悪を行った」（同32節）。エホアハズはわずか三か月の間、王位についただけで、エジプトのパロ・ネコは、彼を捕らえてエジプトに連れて行き、弟のエホヤキムを王につけます。「エホヤキムは二十五歳で王となり、エルサレムで十一年間、王であった」（同36節）。彼は兄エホアハズと同じく「主の目の前に悪を行った」と言われています。エレミヤは立ち上がりました。

「ヨシヤの子、ユダの王エホヤキムの治世の初めに、主から次のようなことばがあった。『主はこう仰せられる。主の宮の庭に立ち、主の宮に礼拝しに来るユダのすべての町の者に、わたしがあなたに語れと命じたことばを残らず語れ。一言も省くな。彼らがそれを聞いて、それぞれ悪の道から立ち返るかもしれない。そうすれば、わたしは、彼らの悪い行いのために彼らに下そうと考えていたわざわいを思い直そう』」(エレミヤ二六1―3)。

エレミヤが主のことばをすべて語ったとき、祭司と預言者と一部の民はエレミヤを捕らえて、死刑に処そうとしました(同8―11節)。しかし、首長たちとすべての民は、死刑に反対してエレミヤを赦しました(同16―19節)。

それから四年が経ちました。事態は大きく変わりました。それはアッシリアのニネベを滅ぼしたネブカデレザル王が完全に国を掌握して、ユダに攻め寄せて来たのです。ユダを脅かすのはもはやエジプトではなく、バビロンになりました。

「ヨシヤの子、ユダの王エホヤキムの第四年、すなわち、バビロンの王ネブカデレザルの元年に、ユダの民全体についてエレミヤにあったみことば」(二五1)。

エホヤキムの第四年は前六〇五年になります。エレミヤが預言者として召命を受けてから二十三年になります。彼はもう四十歳半ばでした。

「アモンの子、ユダの王ヨシヤの第十三年から今日まで、この二十三年間、私に主のことばがあり、私はあなたがたに絶えず、しきりに語りかけたのに、あなたがたは聞かなかった」（同3節）。

エレミヤの預言の内容は、ヨシヤ王の時代に召命を受けた時から、変わっていませんでした。たとえヨシヤ革命によって表面的には宗教改革が前進したように見えていたとしても、本質的には変わっていなかったのです。それが、エホヤキム王の時代になって顕在化してきました。

この年には、大きな事件がありました。「ヨシヤの子、ユダの王エホヤキムの第四年に、主からエレミヤに次のようなみことばがあった。『あなたは巻き物を取り、わたしがあなたに語った日、すなわちヨシヤの時代から今日まで、わたしがイスラエルとユダとすべての国々について、あなたに語ったことばをみな、それに書きしるせ』」（三六1―2）。

それでエレミヤは、ネリヤの子バルクを呼び、自らの召命体験から、ヨシヤ王の時代における預言者活動、さらに、エホアハズ王の短い期間での預言、そしてエホヤキム王が王位についてからの四年間の預言者活動について口述し、それを巻き物とします。ところが翌年、バルクがそれをすべての民に聞こえるように読んだところ、エホヤキム王は、「第九の月であったので、王は冬の家の座に着いていた。彼の前には暖炉の火が燃えていた。エフディが三、四段を読むごとに、王は書記の小刀でそれを裂いては、暖炉の火に投げ入れ、ついに、暖炉の火で巻き物全部を焼き尽くした」（同22―23節）。

しかし、エレミヤは屈しませんでした。「エレミヤは、もう一つの巻き物を取り、それをネリヤの子、書記バルクに与えた。彼はエレミヤの口述により、ユダの王エホヤキムが火で焼いたあの書物のことばを残らず書きしるした。さらにこれと同じような多くのことばもそれに書き加えた」(同32節)。

現在、私たちが持っているエレミヤ書のどこまでが、焼かれた巻き物に書かれていた部分なのか、また、追加の部分はどれだけなのかを知ることはできません。しかし、エホヤキム王の第六年以降とゼデキヤ王の時代とエルサレム陥落以後の預言が、そのあとで書き加えられて、現在のエレミヤ書になりました。エレミヤ書二〇章、二一章、二八章以下、三二―三四章、三七―三九章の預言は、明らかにゼデキヤ王の時代の預言ですし、四〇―四五章は、エルサレム陥落以後ですから、バルクがエレミヤの口述によりもう一度書き直したときの巻き物はまだ大きな内容ではありませんでした。さらに、四五章1節では、「ネリヤの子バルクが、ヨシヤの子、ユダの王エホヤキムの第四年に、エレミヤの口述によってこれらのことばを書物に書いたときに」と言われていますが、続く四五章2―5節はあまりにも短く、二五章1―38節とどのように関わっているのかわかりません。現在のエレミヤ書のどの部分かについても、日付が順序正しく書かれていないので、わからず、それを再構成することは非常に困難です。

後期の預言(**前五九七―五八六年、およびエレミヤのエジプト行きまで**)

前五九七年にエホヤキム王が死ぬと、彼の子エホヤキンが王になりました。「エホヤキンは十八歳で王となり、エルサレムで三か月間、王であった」（Ⅱ列王二四8）。彼も「主の目の前に悪を行った」と言われています。ネブカデレザルの軍隊はエルサレムを包囲し、財宝をことごとく運び出し、エホヤキン王をはじめとして有力者一万人と、有能な職人や鍛冶屋もみな捕囚として連れ去りました。そして、エホヤキン王の代わりに、彼の叔父ゼデキヤを王位につけました。しかし、ゼデキヤも、「すべてエホヤキムがしたように、主の目の前に悪を行った」（同19節）。

ゼデキヤ王の治世の初めに、エレミヤは自分の首にくびきをつけるという象徴的行為をもってバビロンに服従することを勧めています（エレミヤ二七章）。ところが、ゼデキヤの治世の第四年に、ギブオンの出身の預言者ハナヌヤが、「預言者エレミヤの首からかせを取ってこれを砕い」た（二八12）と言われていますから、エレミヤはそれ以前から、預言をするときには、首にかせをはめていたと思われます。しかし、ハナヌヤがエレミヤの首からかせをとって砕いたとき、エレミヤはハナヌヤに向かって、バビロンの王ネブカデレザルは、木のかせの代わりに鉄のくびきをすべての国民にはめるということを預言し、またハナヌヤの死についても預言します。ハナヌヤはその年の第七の月に死にました（同17節）。

ゼデキヤ王はエレミヤの警告に背いて、バビロンに対する反逆計画を立て、それが露見したため、高官セラヤを連れてバビロンに出かけ、改めて忠誠を誓います。エレミヤはセラヤに命じます。バビロンに下るわざわいのすべてを一つの巻き物に記し、それをバビロンに着いたら人々の前で読み、その後で巻き物に石を結びつけて、ユーフラテス川に投げ入れるように、と（五一59—

64)。それは、ゼデキヤの第四年、前五九三年で、この年にバビロン捕囚の地で、エゼキエルが預言者としての召命を受けます。エレミヤもエゼキエルも、バビロン捕囚と、捕囚からの解放の日とについて預言したのです（二七6—7、エゼキエル二〇13—38）。

いったん服従を誓ったゼデキヤ王はまたもバビロンに背きます。そして、ゼデキヤ王の治世の第九年、すなわち前五八八年にネブカデレザル王はエルサレムを包囲し、一年半の後、これを陥落させます。その間、ゼデキヤ王はエレミヤに使者を遣わして、主が救ってくださるかどうかを尋ねます（エレミヤ二一1—2）。エレミヤの返事は、投降するならば生きる、町にとどまるならば死ぬ、というものでした（同9節）。

バビロン軍が一時退却した際に、エレミヤはベニヤミンの地に行き、民の間で割り当ての地を決めるためにエルサレムから出て行きます。ところが、エレミヤがバビロン軍のところに逃げて行こうとしていると疑ったイルイヤに捕らえられて投獄されてまいります（三七11—16）。ゼデキヤ王はそれを知って、使いをやり、預言があったかどうかを尋ねますが、エレミヤはゼデキヤが捕らえられることを預言します（同17節）。その後、監視の庭に入れられました。やがて首長たちがエレミヤを捕らえ、穴の中に投げ込みますが（三八1—6）、クシュ人の宦官エベデ・メレクはエレミヤを救い出しました（同7—13節）。ゼデキヤ王は今度、直接エレミヤを呼び、自分の将来について尋ねます。エレミヤは、投降すれば助かると告げましたが、優柔不断のゼデキヤ王はこれを聞き入れませんでした（同14節以下）。こうしてエレミヤは、エルサレムが陥落するまで監視の庭にとどまりますが（同28節）、召命を受けてから四十年が過ぎ、六十歳を過ぎていたエレミヤにとって、それは過酷な運命でした。

エルサレムが陥落すると、エレミヤは捕囚の群れの中にいましたが、バビロンの高官ネブザルアダンによって釈放され、ユダの総督に任ぜられたケダルヤのもとで、住民のために預言者として働いたと思われます（四〇1―6）。しかしゲダルヤは任命後おそらく三か月足らずで、イシュマエルに暗殺されます（四一1―3）。暗殺の後、総督公邸に駐留していたバビロンの守備隊も殺されたので、バビロンからの報復を恐れたユダの人々は、反対するエレミヤを道ずれにして、エジプトに逃亡しました（四三1―7）。エジプトでも、エレミヤは預言を続けますが（四三8―四四30）、やがて老衰で死んだと思われます。

絶望の極みを貫いて

ヨシヤ王が戦死し、エホアハズ王、エホヤキム王の時代、さらにゼデキヤ王の時代になると、エレミヤの預言者活動は困難を極め、いのちを脅かされた中でのものとなりました。次のようなエレミヤの嘆きのことばはその時の状況を反映していると考えられます。

一一章18節―一二章6節、「主はアナトテの人々について、こう仰せられた。『彼らはあなたのいのちをねらい、「主の名によって預言するな。われわれの手にかかってあなたが死なないように」と言っている。』それで、万軍の主はこう仰せられる。『見よ。わたしは彼らを罰する。若い男は剣で殺され、彼らの息子、娘は飢えて死に、彼らに残る者がいなくなる。わたしがアナトテの人々にわざわいを下し、刑罰の年をもたらすからだ』」(一一21―23)。

一五章10―21節、「ああ、悲しいことだ。私の母が私を産んだので、私は国中の争いの相手、けんかの相手となっている。私は貸したことも、借りたこともないのに、みな、私をのろっている」(10節)。

一七章14―18節、「私をいやしてください。主よ。そうすれば、私はいえましょう。私をお救いください。そうすれば、私は救われます。あなたこそ、私の賛美だからです。ああ、彼らは私に言っています。『主のことばはどこへ行ったのか。さあ、それを来させよ』」(14―15節)。

一八章18―23節、「彼らは言った。『さあ、私たちは計画を立ててエレミヤを倒そう。祭司から律法が、知恵ある者からはかりごとが、預言者からことばが滅びうせることはないはずだから。さあ、舌で彼を打ち、彼のことばにはだれも耳を傾けまい』」(18節)。

二〇章7―18節、「私は、『主のことばを宣べ伝えまい。もう主の名で語るまい』と思いましたが、主のみことばは私の心のうちで、骨の中に閉じ込められて燃えさかる火のようになり、私はうちにしまっておくのに疲れて耐えられません」(9節)。

さらにエレミヤにとっての苦痛は、民のためのとりなしを、神が拒まれるということでした。七章16節、「あなたは、この民のために祈ってはならない。彼らのために叫んだり、祈りをささげたりしてはならない。わたしにとりなしをしてはならない。わたしはあなたの願いを聞かないからだ」。

一一章14節、「あなたは、この民のために祈ってはならない。彼らのために叫んだり祈りをささげたりしてはならない。彼らがわざわいに会ってわたしを呼ぶときにも、わたしは聞かないからだ」。

一四章11―12節、「主はさらに、私に仰せられた。『この民のために幸いを祈ってはならない。彼らが断食しても、わたしは彼らの叫びを聞かない。全焼のいけにえや、穀物のささげ物をささげても、わたしはそれを受け入れない。かえって、剣とききんと疫病で、彼らをことごとく絶ち滅ぼす』」。

一五章1節、「主は私に仰せられた。『たといモーセとサムエルがわたしの前に立っても、わたしはこの民を顧みない。彼らをわたしの前から追い出し、立ち去らせよ』」。

こうした、エレミヤの苦痛に満ちた心情の描写は、エホヤキム王の時代によくあてはまりますが、当然、ゼデキヤ王の時代にも続いたと思われます。

主なる神の「民のために祈るな」との命令は、エレミヤを霊的絶望へと押しやりました。しかし、その霊的絶望を貫いて、エレミヤは神の隠されたみこころへと到達します。そしてエレミヤ書の預言の中心である「それゆえ、わたしのはらわたは彼のためにわななき、わたしは彼をあわれまずにはいられない」(三一20)と、神の内臓の動きまでを感知する預言にまで至るのです。

少し詳細に考察してみたいと思います。この表現を日本語の翻訳でまず見てみましょう。

〈文語訳〉

我彼にむかひてかたるごとに彼を念はざるを得ず是をもて我腸《はらわた》かれの為に痛む我必ず彼を

恤れむべし

〈口語訳〉

わたしは彼について語るごとに、

なお彼を忘れることができない。

それゆえ、わたしの心は彼をしたっている。

わたしは必ず彼をあわれむ。

〈新改訳〉　わたしは彼のことを語るたびに、

いつも必ず彼のことを思い出す。

それゆえ、わたしのはらわたは

彼のためにわななき、

わたしは彼をあわれまずにはいられない。

――主の御告げ――

〈新共同訳〉

彼を退けるたびに

わたしは更に、彼を深く心に留める。
彼のゆえに、胸は高鳴り
わたしは彼を憐《あわ》れまずにはいられないと
主は言われる。

〈岩波訳〉

まことにわたしは、彼のことを語る度に、
強く彼のことを想い起こす。
それ故に、わが腸《はらわた》は彼のために悶え、
わたしは彼を憐れまずにはいられない。

――ヤハウェの御告げ――

〈フランシスコ会訳〉

わたしは彼に激しく語るたびに、
それでもなお彼のことを思い起こす。
まことに、わたしのはらわたは彼を切望し、
わたしは彼を憐れますにはいられない。

ヘブル語で「ハームー・メーアイ・ロー」は、「ハーマー」(騒ぐ)の完了形の動詞三人称複数、
そして「メーエー」という名詞に「ヨッド」(私の)という一人称の接尾代名詞、「ロー」(彼に)

という「ラーメド」（ヘブル語のアルファベット）に三人称単数の接尾代名詞の三つの言葉から成っています。

「メーエー」は旧約聖書に三二回用いられています。三二か所の用例を調べてみると、ヨナ書の用例が示すように、一義的には「腹」を意味します（二1）。さらに、女性の「胎」をも意味し（ルツ一11、イザヤ四九1など）、男子の場合は、「身」（Ⅱサムエル七12など）の意味にもなります。さらに、体の一部としての「内臓」も指します（Ⅱ歴代二一15、18、19）。

エレミヤが神の憐れみを表現するために「ハームー・メーアイ」を使っているのは、他の用例からして、特別の用法であることがわかります。雅歌では、女性の相手に対する強い愛の現れとして「メーアイ・ハームー」が使われています（五4）。

それでは、「ハームー」はどうでしょうか。それぞれの翻訳を比較してわかることはまさにそれぞれで、これが同じ「ハームー・メーアイ」の訳だろうかとまごつくほどです。

〈文語訳〉　我腸かれの為に痛む
〈口語訳〉　わたしの心は彼をしたっている
〈新改訳〉　わたしのはらわたは彼のためにわななき
〈新共同訳〉　彼のゆえに、胸は高鳴り
〈岩波訳〉　わが腸は彼のために悶え
〈フランシスコ会訳〉　わたしのはらわたは彼を切望し

同じ「ハーマー」という動詞が「痛む」「したっている」「わななく」「高なり」「悶え」「切望し」と訳されているのです。

三一章20節を解釈する出発点は、四章19節です。同じ「メーアイ」が使用されているからです。実は、エレミヤ書で「メーアイ」が現れるのは、この二か所だけなのです。「私のはらわた、私のはらわた。私は痛み苦しむ。私の心臓の壁よ。」

エレミヤが召命を受けたとき、アーモンドの枝とともに、「煮え立っているかま」を見ました。それは、北からのわざわいで、バビロン軍を指します。四章5節から31節は、北からのわざわいについての、さらなる預言です。ユダを攻めるために戦車や馬がやって来る様子を幻の中で見たエレミヤは、思わず「私のはらわた、私のはらわた」と叫ぶのです。

22節には、ユダの民の愚かさをあざける神ご自身のことばが述べられていますが、新改訳のように19―21節の段落と、22節を区切らずに一つにまとめて読むと、エレミヤのはらわたの痛みと、神のあざけりのことばが一体化していることになります。どこまでも心をかたくなにし、悪事を働くのに賢いユダの民を罰するために、北からの恐るべき軍隊がやって来るわけですが、神の心と一体化したエレミヤが「私のはらわた、私のはらわた」と叫ぶときに、実は、滅びを告げる神ご自身のはらわたも、痛み苦しんでいるのです。

三一章15―22節の段落は、イエスが生まれた時に、あのベツレヘムであった幼児の大虐殺を予表するようなものでした。北からの侵入軍による幼子の大虐殺があったと思われます。

この段落の結びでは、エレミヤの「裏切り娘よ」（同22節）との悲痛な呼びかけのことばで始まっています。そのような背信のイスラエルの民をなおも、神は「エフライムよ」と呼びかけ、「わたしは彼のことを語るたびに、いつも必ず彼のことを思い出す。それゆえ、わたしのはらわたは彼のためにわななき、わたしは彼をあわれまれずにはいられない」（同20節）と言われるのです。

●《北森嘉蔵『神の痛みの神学』》

終戦後まもなく、『神の痛みの神学』という本が出版されました。当時の精神的虚脱感に満ちた世相の中で、この本はキリスト教界だけでなく、一般にも爆発的な人気を呼び、ベストセラーとなりました。昭和二十二年（一九四七年）に出された再版には付録として、「エレミヤ記三一章二〇節とイザヤ書六三章一五節」の解説が載せられています（教文館、一九七―二二〇頁）。

「エホバいいたまう、エフライムは我が愛するところの子、悦ぶところの子ならずや、我彼にむかいて語るごとに彼を念わざるを得ず、是《ここ》をもて我が腸《はらわた》かれの為に痛む、我必ず彼を恤《あわれ》むべし（エレミヤ記三一・二〇）。

ねがわくは天より俯《ふ》しみそなわし、その栄光あるきよき居所《すみか》より見たまえ、なんじの熱心となんじの大能《ちから》あるみわざとは今いづこにありや、なんじの切なる仁慈と憐憫とはおさえられて我にあらわれず（イザヤ章六三・一五）。

一

エレミヤ記三一・二〇の中に一つの異常な言葉を見出して以来、私は昼も夜もこの言葉を考えつづけてきた。それは私にとっては文字通り異常な言葉であった。その後にこの言葉がイザヤ書六三・一五と関聯《かんれん》をもつことを知るや、私はこの言葉の担う秘儀《ひぎ》にいよいよ深き驚をもつに至った。——その言葉とは、エレミヤ記三一・二〇に「我が腸《はらわた》……痛む」と訳され、イザヤ書六三・一五に『切《せち》なる仁慈《いつくしみ》』と訳されているものである。私は以下においてこの言葉を能うかぎり客観的に考察してみようと思う。

エレミヤ記三一・二〇の hāmû mēʿăî（我が腸……痛む）およびイザヤ書六三・一五の hāmôn mēʿĕîkā（切なる仁慈）を構成する各二つの言葉は両者においてまったく共通している。すなわち両者ともに mēʿîm という名詞と hāmāh という動詞から成っている。前者は『腸《はらわた》』（英 bowel）の意であり、心の存在する場所、ひいては『心』の意に用いられる言葉である。この言葉の方についてはほとんど問題はない。問題は後者 hāmāh という動詞にあるのである。この言葉は第一には、種々の音声の『鳴り響く』（英 to sound）意に用いられる（例えばイザヤ書一七・一二、エレミヤ記五・二二における海のどよめき、イザヤ書五九・一一、詩篇五九・六における獣の声、詩篇四六・六における群集の騒音等）。第二にはこの言葉は人間の（そして神の！）心的状態について用いられる。問題はこの第二の用法である。……

hāmāh なる言葉は神および人間の心的状態について用いられるといったが、それでは一体いかなる心的状態についてであろうか。これを明らかならしむるためにはかかる用法のなされている一々の個所を列挙して見ることがもっとも確実である。神について用いられているのは始めに挙げたエレミヤ記三一・二〇とイザヤ書六三・一五の二個所である。他はことごとく人間について用いられている。すなわち預言者や詩篇作者等が、自己の心的状況についてこの言葉を用いているのである。――『嗚呼わが腸《はらわた》よわが腸よ、痛苦《いたみ》心の底に及びわが心胸《むね》とどろく（hōmāh）』（エレミヤ記四・一九）。『この故に我が心はモアブの為に簫《ふえ》のごとく嘆き（yĕhĕmēh）、我が心はキルハレスのために簫のごとく嘆く』（エレミヤ記四八・三六）。『夕にあしたに昼に我なげきかつかなしみうめかん（ĕhĕmĕh）』（詩篇五五・一七）。『このゆえにわが心腸《はらわた》はモアブの故をもて琴のごとく鳴りひびき（yĕhĕmû）キルハレスの故をもて我衷もまた然り』（イザヤ書一六・一一）。『我おとろえはてはなはだしく傷つけられ、わが心のやすからざる（n^{e}hāmāh）によりてうめき叫べり』（詩篇三八・八）。『その思いなやむことは……』（詩篇三九・六）。『ああわが魂よ……なんぞわが衷におもいみだるるや』（詩篇四二・五、一一、四三・五）。『われ神を思いいでて打なやむ』（詩篇七七・三）。そして『わが愛する者戸の穴より手をさし入れしかば、わが心かれのために動きたり（hāmû）』（雅歌五・四）等。

――以上列挙した個所（最後の雅歌よりの例はしばらく措き）において預言者や詩篇作者等が hāmāh なる言葉によって指示せんとしたある一つの事実について、なんらか決定的な一つの印象が与えられたことを思う。人間の心的状態について述べられたこれらの箇所から与えられるこの印象によって、我らはこの同一の言葉が神について述べられた場合いかなる事実を指し示すかということについて唯一の手懸《てがか》りを与えられるのである。（そしてかく人間の心的状態より推して神御自身において起っている事実について知ることを許されるのは、ひたすら神の恩寵によってである。あたかも放蕩息子《ほうとうむすこ》とその父とについてのイエスの比喩《ひゆ》、あの人間の世界における出来事よりして、神の御心《みこころ》を知ることを許されるごとくに）。

いま列挙した個所において hāmāh という言葉が指示している事実に一つの共通したものがあることは否定し得ない。しかもこのものこそエレミヤがこの言葉を神御自身に適用した三一・二〇においても見出されるのではあるまいか。この個所においてエレミヤは、預言者や詩篇作者の心において起った一つの事実が神においても起っていることを見たのではあるまいか。しからばいかなる事実であるか。曰く、痛みという事実！神の痛みという事実!!」（一九七―一九九頁）。

北森がエレミヤ書三一章20節の「我腸かれの為に痛む」を読んだ当時、文語訳聖書以外の訳は存在しませんでした。『神の痛みの神学』第三版が出版された一九五一年（昭和二十六年）、第四版が出版された一九五四年（昭和二十九年）にも事情は変わりませんでした。しかし、第五版が出版された一九五八年（昭和三十三年）になって大きく変わります。口語訳が出版され、エレミヤ書三一章20節の翻訳がまったく違ったものになったからです。

「もう一つの事象は口語訳聖書の出現である。これによってこの神学は『外に』の性格をふたたび自覚せしめられることとなった。口語訳がエレミヤ記三一・二〇を『わたしの心は彼をしたっている』と訳したとき、私が（昭和）二十年来恐れて警告して来たことが、そのまま実現してしまったのである。すなわち近代主義神学の『神の愛の一元主義』に影響された翻訳である」（同書、一三―一四頁）。

北森神学の根拠である、「痛む」という訳語はすでに見たように、その後のどの聖書翻訳にも現れません。しかし、新共同訳、「エフライムはわたしのかけがえのない息子喜びを与えてくれる子ではないか。彼を退けるたびに　わたしは更に、彼を深く心に留める。彼のゆえに、胸は高鳴り　わたしは彼を憐れまずにはいられないと　主は言われる」では、「ハームー・メーアイ」は「胸は高鳴り」と訳されていますが、その前の「彼を退けるたびに　わたしは更に、彼を深く心に留める」には、痛みを伴う神の心の状態がよく示されています。エレミヤは当時のユダの背信の状況を見ながら、必ず北から来るバビロン軍によって侵略され、破壊されるユダとエルサレムの運命について預言をしなければなりませんでしたが、その破壊と滅亡のさなかに、エフライムを愛してやまない神の御心を感じ、それが三一章20節の表現としてほとばしり出たと思います。それはさらに、三一章33―34節の新しい契約への預言として発展していきます。

新しい契約

「彼らの時代の後に、わたしがイスラエルの家と結ぶ契約はこうだ。――主の御告げ――わたしはわたしの律法を彼らの中に置き、彼らの心にこれを書きしるす。わたしは彼らの神となり、彼らはわたしの民となる」(エレミヤ三一33)。

破壊と滅亡のさなかに、イスラエルの民を愛してやまない神の御心を感じ取ったエレミヤは、新しい時代に新しい契約が結ばれることを預言します。

かつて、モーセはシナイ山で十戒を授かりました。それは二枚の石の板に書かれていました。せっかく律法を与えられたにもかかわらず、それによってイスラエル人は神の戒めを守り、神を愛し、隣人を愛するのではなく、逆にその心はかたくなになり、「ユダの罪は鉄の筆と金剛石のとがりでしるされ、彼らの心の板と彼らの祭壇の角に刻まれている」(一七1)と表現されるほどになりました。しかし、新しい時代には、律法は心の中に書き記されますから、喜びをもって自由に律法を守ります。

エレミヤは、心に律法が書き記される新しい時代の到来を預言しました。しかし、それが具体的にどのようなかたちでやってくるのかについては沈黙しています。新約聖書は、この新しい契約がイエス・キリストによって結ばれたと証言します。十字架にかかる前の夜、弟子たちといっしょに過越の食事をされたイエスは、杯を取って言われました。「この杯は、あなたがたのために流されるわたしの血による新しい契約です」（ルカ二二20）。

十字架上で、神の御子イエスが、全人類のために贖いの血を流されることにより、新しい契約が結ばれたのです。それは、エレミヤがまったく想像もできない新しい契約でした。イザヤだけが「苦難のしもべ」（イザヤ五三章）の預言において贖いの奥義について語っています。しかしそのイザヤも具体的に、ベツレヘムでおとめマリヤから生まれ、ナザレで育ったイエスが、ゴルゴタの十字架で死なれることまでは知ることができませんでした。

ヘブル人への手紙の記者は八章8―12節に、エレミヤ書三一章31―34節をそのまま引用して、結論として「神が新しい契約と言われたときには、初めのものを古いとされたのです」（ヘブル八13）と記します。とはいえ、新しい時代の新しい民は、自動的に律法を守れるわけではありません。ヘブル人への手紙には、信仰生活は絶えざる戦いの生活であることが示されています。「兄弟たち。あなたがたの中では、だれも悪い不信仰の心になって生ける神から離れる者がないように気をつけなさい」（三12）。

信仰者は互いに励まし合うことが必要です。「『きょう』と言われている間に、日々互いに励まし合って、だれも罪に惑わされてかたくなにならないようにしなさい」（同13節）。「また、互いに勧め合って、愛と善行を促すように注意し合おうではありませんか」（一〇24）。

一三章前半は具体的な勧めが述べられています。そして、ヘブル人への手紙の著者自身、「私たちのために祈ってください」（18節）と訴えています。信仰の兄弟姉妹たちによって祈られなければ、信仰の戦いに勝利できないことを知っているのです。イエス・キリストの十字架の血が私たちのすべての罪を贖ってくださったという福音を信じて信仰生活を歩むことは、決して容易ではありません。

エレミヤは新しい時代が来ることを確信して預言しました。その基礎は、「わがはらわた痛む」とおっしゃるほどの神のあわれみです。それは、神の御子イエス・キリストが来て、新しい契約の血を十字架上で流されることで成就しました。それによって新しい民の心に律法が書き記され、信仰の戦いを戦い抜くことができるようになりました。けれども、パウロの十三の手紙、また、ヨハネの手紙、ペテロの手紙、そしてヘブル人への手紙が示すように、信仰者たちは絶えず励まされ、教えられ、またある時には、警告される必要があります。エレミヤは、そのような具体的な新しい時代の新しい民のありようを預言しないまま、さらに続けます。

「そのようにして、人々はもはや、『主を知れ』と言って、おのおの互いに教えない。それは、彼らがみな、身分の低い者から高い者まで、わたしを知るからだ」（エレミヤ三一34）。

新改訳で「そのようにして」と訳されているのは、接続詞の「ワウ」ですが、訳の難しいことばです。新共同訳では「そのとき」、岩波訳（関根訳）で「そのようにして」となっています。初代教会から今日まで、エレミヤが預言したような、おのおのお互いに教える必要のない時代は来ていません。私たちは、エレミヤの預言の成就する日が来ることを信じて、互いに励まし合いつつ信仰生活に励みたいものです。

諸国民へのさばき

四五章のバルクへの慰めのことばの後に、四六―五一章で「諸国民へのさばきの預言」がまとめられています。それは、①エホヤキムの第四年の諸国民への預言（四六2―四九33）、エジプト、ペリシテ、モアブ、アモン、エドム、ダマスコ、ケダルとハツォル。②ゼデキヤ即位の年のエラムへの預言（四九34―39）、③ゼデキヤの第四年のバベルへの預言（五〇1―五一64）に分けられます。

五一章59―64節では、バビロンへの預言のしるしとしてセラヤに、ユーフラテス川へ巻き物を沈めるように命じました。エレミヤの預言どおり前五三九年にバビロンはペルシャの王クロスによって滅ぼされ、捕囚の民はエルサレムに帰って神殿を再建することを許されます。生前、エレミヤはエジプトに頼らず、バビロンに降伏するように勧めました。バビロンが滅びて、捕囚の地からイスラエル人が帰還することを預言しましたが、それは五十年足らずの後に実現したのです。

エゼキエル書

執筆年代と著者について

エゼキエルはヘブル語で「イェヘズケール」であり、「神は高めてくださる」という意味です。彼はエレミヤと同じく祭司の家系で、預言者として召されました。しかし、この二人はまったく別の道を歩みました。

前五九七年にバビロンのネブカデレザル王がエルサレムを攻め、エホヤキン王をはじめ、国の指導的人物を捕囚の地に連れて行きましたが、その中にエゼキエルも含まれていました。それから五年経ち（前五九三年）、エゼキエルは預言を始めました。エレミヤは紀元前六二七年に預言を始めたので、それから三十四年も経っていました。当時、もう五十歳を過ぎていたエレミヤは、エルサレムにおいて、ゼデキヤ王と彼を取り巻く祭司たちに向かって、さばきの預言をし、捕囚の地に未来があることを預言していました。そのように、エレミヤはエルサレムで、エゼキエルは捕囚の地で、さばきと悔い改めの預言を並行して行ったのです。

最終的なエルサレムの包囲と陥落の知らせは、捕囚の十二年目にエゼキエルのところにもたらされました（エゼキエル三三21）。その時からエゼキエルの預言の内容は変化し、回復と希望の預言になります。

まず、神の最終的な御旨が確認されます。「わたしは決して悪者の死を喜ばない。かえって、悪者がその態度を悔い改めて、生きることを喜ぶ」（三三11。一一19―21、一八23参照）。

三四章では、まことの牧者、ダビデの来臨が約束され、三六章22節では、エゼキエル書の中心である「わたしの聖なる名のために」が預言されます。三七章では、有名な枯れた骨の幻を通して国の復興が約束されます。最後の四〇章以下は、捕囚の二十五年目（前五七三年）の預言ですが、新しいエルサレムの神殿、そこから流れるいのちの木、新しい国の割り当てが幻のうちに示されます。

エゼキエルは、捕囚からの回復をユダに限定せず、イスラエル全体のものとしてとらえました。エゼキエル書全体で「ユダ」ということばが一三回であるのに対し、「イスラエル」は一八三回用いられています。新しいエルサレムは、ユダだけでなくイスラエルの都であり、新しい国は十二部族でした（黙示録七4―8参照）。エゼキエルは新約のヨハネの黙示録に大きな影響を与えました。

本書の特徴

エゼキエル書には十四の日付があります。これを見ていくことによって、エゼキエル書の特徴が浮かんできます。もちろん、そこには、いくつかの説明不可能な問題がありますが。

第一の特徴は、八章以下の預言がケルビムに運ばれて、エルサレムでなされたと言われていることです。もしそのようなことが可能であったとすれば、エゼキエルはエレミヤとともに、エルサレムでさばきと滅亡の預言をしたことになります。

第二の特徴は、バビロン（二九17以下）、ツロ（二六1以下）、エジプト（二九1以下、三〇20以下、三一1以下、三二17以下）と、イスラエル以外の国々への預言が多いことです。そのことは何らかの形で、エゼキエルの預言がこれらの諸国にもたらされ、メッセージとして伝達されたことを意味します。

第三の特徴は、エレミヤの預言が前五八七年のエルサレム陥落を最後の節目としているのに対し、エゼキエルの預言はそれから十六年経った前五七一年までなされていることです。前五七三年には、新しいイスラエルの幻を与えられて預言をしました。

第四の特徴は、エレミヤの預言の中心は、「はらわたを痛めるほどの神の愛」であったのに対して、エゼキエルでは「神の聖なる御名のために」イスラエルが回復されるということです。

「それゆえ、イスラエルの家に言え。神である主はこう仰せられる。イスラエルの家よ。わたしが事を行うのは、あなたがたのためではなく、あなたがたが行った諸国の民の間であなたがたが汚した、わたしの聖なる名のためである」(三六22)。

十四の日付

それでは、十四の日付に沿って内容を見てみましょう。

1　前五九三年六月(一1―三15)

一章一節の「第三十年」は、召しを受けた時のエゼキエルの年齢を示しているのかもしれません。二節には「エホヤキン王が捕囚となって連れて行かれてから五年目であった」とありますが、エホヤキンのあとに立てられたゼデキヤ王は優柔不断で、絶えずエレミヤに助言を求めながら、結局、バビロンを裏切ったため、捕らえられて悲惨な最期を遂げます。エゼキエルの預言を見ると、エジプトはユダに対してずっと影響をもち続け、それがゼデキヤ王や部下の判断を誤らせたことがわかります。

バビロンにエホヤキン王とともに捕囚となって連れて行かれたエゼキエルは、前五九三年、ケバル川のほとりで、四つの顔と四つの翼をもった天使に会います。エゼキエルは異常な象徴行動をとりますが、その第一は巻き物を食べることでした（二8—三3）。

2　前五九三年六月（三16—七31）

巻き物を食べたエゼキエルは、イスラエルのテル・アビブから捕囚として連れて来られたケバル川の民のところで、七日間沈黙した後に、警告の預言をします。「もしあなたが正しい人に罪を犯さないように警告を与えて、彼が罪を犯さないようになれば、彼は警告を受けたのであるから、彼は生きながらえ、あなたも自分のいのちを救うことになる」（三21）。

次の象徴的な行動は、一枚の粘土板を取り、そこにエルサレムの町を彫りつけ、また、一枚の鉄の平なべをとって、町を攻め囲むしるしとすることでした。さらに、左わきを下にしてイスラエルのために三百九十日横たわり、次に、右わきを下にしてユダのために四十日間横たわり、その間、牛の糞で焼いたパンを食べるようにとの命令を受けました（四章）。次の預言が一年三か月後ですから、その間、ほとんど横になっていたことになります。

第三の象徴的行動は、ひげをそることでした。「人の子よ。あなたは鋭い剣を取り、それを床屋のかみそりのように使って、あなたの頭と、ひげをそり、その毛をはかりで量って等分せよ。その三分の一を、包囲の期間

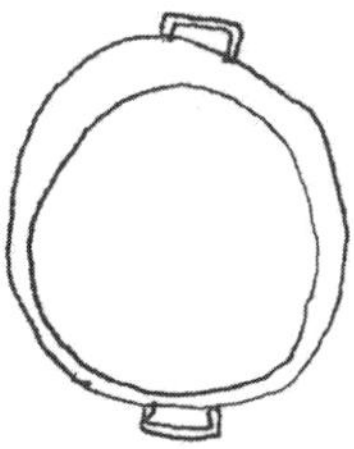

の終わるとき、町の中で焼き、またほかの三分の一を取り、町の回りでそれを剣で打ち、残りの三分の一を、風に吹き散らせ。わたしは剣を抜いて彼らのあとを追う」(五1―2)。

四百三十日、つまり、一年と二か月余り横たわっている間に、エゼキエルのひげはすっかり伸びていました、それをそって、三分の一ずつ、焼いたり、打ったり、風に散らすことにより、五年後のエルサレム陥落の預言としたのです。

3　前五九二年九月(八1―一九14)

横たわって一年二か月余り、伸び放題のひげをそったエゼキエルに、さらに異常な体験が待っていました。召しを受けてから一年三か月後、自分の家に座っていたとき、「神である主の御手が私の上に下った」(八1)というのです。「その方は手の形をしたものを伸ばし、私の髪のふさをつかんだ。すると、霊が私を地と天との間に持ち上げ、神々しい幻のうちに私をエルサレムへ携え行き、ねたみを引き起こすねたみの偶像のある、北に面する内庭の門の入口に連れて行った」(同3節)。一一章24節では、「また、霊が私を引き上げ、神の霊によって幻のうちに私をカルデヤの捕囚の民のところへ連れて行った」と言われていますので、八章3節から一一章21節までの預言は、エゼキエルがエルサレムで語ったものになります。この異常現象が実際にどのように起こったのか、説明することは困難です。

エルサレムでエゼキエルが見たものは、偶像礼拝でした。「イスラエルの家の七十人の長老」

（八11）、タンムズを拝む「女たち」（同14節）、太陽を拝む「二十五人ばかりの人」（同16節）について、エルサレムは処罰されます。主は六人の男を呼び寄せて、エルサレムの人々を滅ぼします。「この町を罰する者たちよ。おのおの破壊する武器を手に持って近づいて来い」（九1）。神殿の東の門には、民の長であるアズルの子ヤアザヌヤとベナヤの子ベラテヤがいましたが、エゼキエルが預言しているうちに、ベナヤの子ベラテヤが死にます（一一13）。しかし、こうしたさばきの中で、エゼキエルは救いのメッセージを語ります。

「それゆえ言え。『神である主はこう仰せられる。わたしはあなたがたを、国々の民のうちから集め、あなたがたが散らされていた国々からあなたがたを連れ戻し、イスラエルの地をあなたがたに与える。』彼らがそこに来るとき、すべての忌むべきもの、すべての忌みきらうべきものをそこから取り除こう。わたしは彼らに一つの心を与える。すなわち、わたしはあなたがたのうちに新しい霊を与える。わたしは彼らのからだから石の心を取り除き、彼らに肉の心を与える」（一一17―19）。

もし、前五九二年に実際に、エゼキエルがエルサレムに連れて行かれて、そこで預言をしたとすれば、当然、エレミヤ書三一章34節のメッセージに呼応したに違いありません。

ケバル川のほとりの捕囚の民のところへ帰ったエゼキエルの最後の象徴行動は、自分の荷物を持ち出すことでした。「そこで、私は命じられたとおりに、私の荷物を捕囚のために荷物のようにして昼のうちに持ち出し、夕方、自分の手で壁に穴をあけ、彼らの見ている前で、暗いうちに荷物を背負って出て行った」（一二7）。

エゼキエルの異様な行動と、彼のさばきの預言は、遠くエルサレムにまで伝えられていったに違いありません。それ以来、エゼキエルのさばきの預言は続きます。「役に立たないぶどうの木」（一五章）、「不実の妻エルサレム」（一六1—22）、「諸大国との姦通」（同23—34節）、「娼婦エルサレムの姦通」（同35—63節）、「二羽の大鷲とぶどうの木」（一七1—10）、「イスラエルの君主たちのための哀歌」（一九章）と、いろいろなたとえで、さばきのメッセージが述べられます。

4　前五九一年七月（二〇1—二三49）

イスラエルの長老たちがエゼキエルのところに来て、尋ねました。けれども、彼らはエゼキエルの厳しいさばきの預言を聞いても悔い改めようとしませんでした。エゼキエルは、出エジプトの時からイスラエルが神に背き、偶像を礼拝してきたことを述べました。それにもかかわらず、神は再びイスラエルを救われるのです。


「わたしがあなたがたを国々の民の中から連れ出し、その散らされている国々からあなたがたを集めるとき、わたしは、あなたがたをなだめのかおりとして喜んで受け入れる」（二〇41）。

そのあと、エゼキエルは顔を南のほうに向け、ユダの南ネゲブにまでさばきが及ぶことを預言し（二〇45—49）、さらにエルサレムのさばきについて語ります（二一1—二二31）。そして、サマリアをオホラ、エルサレムをオホリバの姉妹にたとえ、彼女たちのさまざまな国々との姦淫の行為と、彼女たちへのさばきについて預言します。「集団は彼女たちを石で打ち殺し、剣で切り倒し、その息子や娘たちを殺し、その家々を火で焼き払おう」（二三47）。

5　前五八九年十二月（二四1―二五17）

「人の子よ。この日、ちょうどこの日の日づけを書きしるせ。ちょうどこの日に、バビロンの王がエルサレムに攻め寄せたからだ」（二四2）とエゼキエルが預言したとおり、バビロンのネブカデレザル王はエルサレムに攻め寄せました。そして二年後にエルサレムは陥落します。人々が期待したエジプトの助けは無力でした。同時に、エゼキエル個人にとっても悲しい出来事が起こりました。「人の子よ。見よ。わたしは一打ちで、あなたの愛する者を取り去る。嘆くな。泣くな。涙を流すな。声をたてずに悲しめ。死んだ者のために喪に服するな。頭に布を巻きつけ、足にサンダルをはけ。口ひげをおおってはならない。人々からのパンを食べてはならない」（二四16―17）。「その朝、私は民に語ったが、夕方、私の妻が死んだ。翌朝、私は命じられたとおりにした」（同18節）。

エゼキエルが召命を受けたとき三十歳であったとすれば、それから四年、エゼキエルの妻はまだ若かったと思われます。召命を受けて一年二か月余り、エゼキエルが横たわっていた間、彼女が夫のために牛糞でパンを焼いたのでしょう。預言者の妻としての心労が彼女の死の原因だったかもしれません。しかし、神はエゼキエルに「声をたてずに悲しめ」と、喪に服することを許されませんでした。

エゼキエルの亡くなった妻に対するやり方を見て、「あなたがしていることは、私たちにとってどんな意味があるのか、説明してくれませんか」（二四19）と民が尋ねたので、エゼキエルはエルサレムがバビロンのネブカデレザル王によって攻められ、破壊される時の象徴的な行動であると説明します。

この時からエゼキエルの預言は、諸外国に向けられます。二五章では、ユダの周辺の諸国、すなわち、アモン人、モアブとセイル、エデム、ペリシテ人へのさばきの預言が述べられます。二五章16節にペリシテ人とともにケレテ人があげられているのは、当時、ペリシテ人は、クレテ島出身と考えられていたからです。

6　前五八七年三月―五八六年二月（二六1―二八26）

二六章から二八章まで、ツロとシドンについての長いさばきの預言が語られます。時期的にはちょうどエルサレムが陥落した時です。ツロとシドンは当時の世界中の国々と貿易し、莫大な富を築きましたが、それらがやがてすべて灰になる日が来ます。逆に、イスラエルは救われます。

「神である主はこう仰せられる。わたしがイスラエルの家を、散らされていた国々の民の中から集めるとき、わたしは諸国の民の目の前で、わたしの聖なることを示そう。彼らは、わたしがわたしのしもべヤコブに与えた土地に住みつこう」（二八25）。

エルサレムは陥落し、ユダは滅びましたが、エゼキエルはイスラエルが自分の国に帰還し、神殿を建て、十二部族が平和に住む日の来ることを信じていました。

7　前五八八年七月（二九1―16）

ツロへの預言の八か月前に、エジプトへのさばきの預言が語られます。このあと三二章33節まで、六回にわたってエジプトへのさばきが預言されます。

エジプトはさばきを受け、元どおりになっても、もはや大国にはなりません。

「まことに、神である主はこう仰せられる。四十年の終わりになって、わたしはエジプト人を、散らされていた国々の民の中から集め、エジプトの繁栄を元どおりにする。彼らをその出身地パテロスの地に帰らせる。彼らはそこで、取るに足りない王国となる。どの王国にも劣り、二度と諸国の民の上にぬきんでることはない。彼らが諸国の民を支配しないように、わたしは彼らを小さくする」（二九13―15）。

「イスラエルの家は、これに助けを求めるとき、咎を思い起こして、もう、これを頼みとしなくなる。このとき、彼らは、わたしは神、主であることを知ろう」（同16節）。

8　前五七一年四月（二九17―三〇19）

エゼキエルの最後の預言が、八番目に置かれます。その理由ははっきりしません。ともかく、エルサレムが陥落し、ユダが滅んで十六年経った前五七一年にバビロンの王ネブカデレザルに対するものです。前五八七年、ネブカデレザル王がユダを滅ぼすとともにツロを攻めたとき、十分な戦利品を得ることができなかったので、その代償としてエジプトの富と土地を与えるという預言です。ネブカデレザル王はこの預言を聞いて喜んだに違いありません。

9　前五八七年三月（三〇20―26）

エジプトへのさばきの預言が次々となされます。年月的な順序ではなく、三番目の預言です。

10　前五八七年五月（三一1―18）

エジプトへの四番目の預言。

11　前五八六年二月（三一1―16）

エジプト人の王パロへの哀歌。

12　前五八七年三月―五八六年二月（三三17―三三20）

エルサレムの陥落の後、立て続けにエゼキエルは、エジプトの滅びについて預言します。カレアハの子ヨハナンとすべての将校は、エレミヤとバルクを無理やりエジプトに連れて行きましたが（エレミヤ四三4―7）、エゼキエルのこれらの預言を聞いたとしても信じなかったでしょう。

13　前五八七年十二月（三三21―三九29）

「私たちが捕囚となって十二年目の第十の月の五日、エルサレムからのがれた者が、私のもとに来て、『町は占領された』と言った」（三三21）。ゼデキヤ王の第十一年四月（前五八七年初秋）にエルサレムは陥落、その知らせは十二月にケバル川のほとりの捕囚の民のところにもたらされました。このときから、エゼキエルの預言の内容は一変します。「しかし、あのことは起こり、もう来ている。彼らは、自分たちの間にひとりの預言者がいたことを知ろう」（同33節）。

すでにモーセは預言しました。「あなたの神、主は、あなたのうちから、あなたの同胞の中から、私のようなひとりの預言者をあなたのために起こされる」（申命一八15）。

エゼキエル書三四章は、悪い牧者たちと、神が送られる良い牧者について述べます。「わたしは、彼らを牧するひとりの牧者、わたしのしもべダビデを起こす。彼は彼らを養い、彼らの牧者となる」（23節）。

イエスは当然、エゼキエル書三四章を念頭において、ヨハネの福音書一〇章1―30節で羊のたとえを話されたと思います。しかし、エゼキエルよりも一歩進めて、「わたしは、良い牧者です。良い牧者は羊のためにいのちを捨てます」（ヨハネ一〇11）、「だれも、わたしからいのちを取った者はいません。わたしが自分からいのちを捨てるのです。わたしには、それを捨てる権威があり、それをもう一度得る権威があります。わたしはこの命令をわたしの父から受けたのです」（同18節）と、十字架と復活の奥義を明らかに示されました。

エゼキエルは三五章で、エドムの滅びについて預言します。エルサレムの陥落、ユダ王国の滅亡を聞いて喜ぶエドムへの預言です。「おまえは、イスラエルの家の相続地が荒れ果てたのを喜んだが、わたしはおまえに同じようにしよう。セイルの山よ。おまえは荒れ果て、エドム全体もそうなる。人々は、わたしが主であることを知ろう」（三五15）。

三六章はエゼキエル書の中心です。三六章の最初は、イスラエルが滅亡し荒廃した状態について述べられます（2—5節）。しかし、神はそのイスラエルの繁栄を回復されます（6—15節）。もう一度、イスラエルの偶像崇拝と、それに対するさばきを述べた後、神である主は、ご自分の「聖なる名」を惜しんで、イスラエルを救い出し、繁栄をもたらすと約束されます。22節はエゼキエル書の中心です。

「それゆえ、イスラエルの家に言え。神である主はこう仰せられる。イスラエルの家よ。わたしが事を行うのは、あなたがたのためではなく、あなたがたが行った諸国の民の間であなたがたが汚した、わたしの聖なる名のためである。」

すでにエゼキエルは、二〇章44節でも同じメッセージを述べています。

「わたしが、あなたがたの悪い行いや、腐敗したわざによってでなく、ただわたしの名のために、あなたがたをあしらうとき、イスラエルの家よ、あなたがたは、わたしが主であることを知ろう。」

二〇章44節よりも三六章22節では、「聖なる名のために」と「聖」が強調されています。「聖なる御名」(シェーム・コドゥシー)の「聖」はもともとイザヤが強調したことばです。イザヤは召命を受けたとき、セラフィムが神の御座のまわりを飛び翔り、「聖なるかな、聖なるかな、聖なるかな」という声を聞いて、「ああ。私は、もうだめだ。私はくちびるの汚れた者で、くちびるの汚れた民の間に住んでいる。しかも万軍の主である王を、この目で見たのだから」(六5)と告白しています。形容詞「カドーシュ」はもともと、動詞「カーダシュ」(切り離す)に由来することばで、神と人との間の隔絶を表します。最初、ユダの民の偶像礼拝や、彼らの罪の数々(イザヤ一15)を神の前に訴えるために神殿に詣でたイザヤは、セラフィムの「聖なるかな、聖なるかな、聖なるかな」の叫び声を聞いて、自分がまったく汚れて、霊的に死んだものであることを知らされました。セラフィムが祭壇から炭火を取って来て、そのくちびるに触れ、「あなたの罪も贖われた」と一方的に宣言されて罪赦されたイザヤは、「心をかたくなにするため」のメッセージを伝える預言者として民に遣わされるのでした。

エゼキエルの「聖なる御名」の背景には、彼の見た天使が、イザヤの見たセラフィムではなく、ケルビムであることを覚えておく必要があります。セラフィムはイザヤ書だけにしか出てきませんが、ケルビムは、エデンの園から追放されたアダムとエバが再び帰れないように園の東に置かれたとあります（創世三24）。モーセは十戒を授かったあと、幕屋の規定を述べましたが、幕屋の至聖所にある契約の箱の「贖いのふた」の両端に互いに向かい合うように純金製のケルビムを置くように命じました。ケルビムは翼を上のほうに伸べ広げ、その翼で「贖いのふた」を覆うようにします（出エジプト二五18―22）。ソロモンの神殿には、二つのケルビムの像がそれぞれ翼を広げて、契約の箱を安置した至聖所の奥の壁に配置されました。各ケルブの翼は五キュビト（約二・二三メートル）あるので、二つのケルビムが翼を広げて並び立つと、その長さは二〇キュビト（約八・九メートル）になります（Ⅱ歴代三10―13）。

ところが、エゼキエルに現れたケルビムは、これらのケルビムとまったく違った独特の姿をしていました。ケルビムはケルブの複数形で、「四つの生きもののようなもの」を指しています（エゼキエル一5）。おのおのが、四つの顔をもち、四つの翼をもっていました。その足は真っすぐで、足の裏は子牛の足の裏のようで、磨かれた青銅のように輝いていました。その翼の下から人間の手が四方に出ています。そして、その四つの翼は互いに連なっていました。彼らの顔かたちは、人間の顔であり、右側に獅子の顔があり、左側に牛の顔があり、うしろに鷲の顔がありました。四つの生きものにはそれぞれ一つずつ、輪が伴っていました。彼らの頭の上、大空のはるか上のほうには、サファイヤのような何か王座に似たものがあり、その王座に似たもののはるか上には、人間の姿に似たものがありました。その方のまわりにある輝きのさまは、雨の日の雲の間にある虹のようであり、それは主の栄光のように見えました。このような圧倒的なケルビムの姿と、その上にある主の栄光を見ているときに、エゼキエルは神の召しを受け、また、そのケルビムによって、エルサレムまで連れて行かれたのです（一一章）。

このようなケルビムを見た原体験は、エゼキエルの預言を、イザヤの預言やエレミヤの預言とまったく違った独特のものにしています。エレミヤは独特の感性をもっていました。そしてその感性によって、神の愛を、「わたしのはらわたは彼のためにわななく」とまで表現するほどに深く神の心の内部を探り知り、表現したのです。その神の愛は、「わたしの律法を彼らの中に置き、彼らの心にこれを書きしるす」（エレミヤ三一33）という約束にまで至ります。これに対して、エゼキエルのイスラエル回復の預言が、「わたしの聖なる名のため」と言われるとき、そこには、圧倒的なケルビムの姿と、さらにその上にある王座の輝きがあり、預言者のデリケートな感性が入り込む余地がありません。エレミヤの見るアーモンドの木の葉のゆらぎに対して、エゼキエルのそれは、鉄壁のようにそそり立った壁に「聖なる名」が金文字で彫り込まれているのです。

それに続く、「あなたがたに新しい心を与え、あなたがたのうちに新しい霊を授ける。わたしはあなたがたのからだから石の心を取り除き、あなたがたに肉の心を与える」（エゼキエル三六26）の預言も、人間の側での努力はまったく排除され、神の圧倒的で、一方的な働きの結果を示しています。

三七章には、「枯れた骨の谷」が記されます。神が「聖なる御名のために」イスラエルを回復するという約束は、この「枯れた骨」の預言にも表れます。

「主は私に仰せられた。『これらの骨に預言して言え。干からびた骨よ。主のことばを聞け。神である主はこれらの骨にこう仰せられる。見よ。わたしがおまえたちの中に息を吹き入れるので、おまえたちは生き返る』」(4―5節)。「私が命じられたとおりに預言すると、息が彼らの中に入った。そして彼らは生き返り、自分の足で立ち上がった。非常に多くの集団であった」(10節)。

一五節以下では、生き返った集団が一つのイスラエルであることが強調されます。前五八七年にエルサレムは陥落し、ユダ王国は滅びますが、国が回復されるとき、前七二一年に滅ぼされた北イスラエルもいっしょに一つの王国になります。「わたしが彼らを、その地、イスラエルの山々で、一つの国とするとき、ひとりの王が彼ら全体の王となる。彼らはもはや二つの国とはならず、もはや決して二つの王国に分かれない」(22節)。「わたしのしもべダビデが彼らの王となり、彼ら全体のただひとりの牧者になる」(24節)。

パウロが「御子は、肉によればダビデの子孫として生まれ、聖い御霊によれば、死者の中からの復活により、大能によって公に神の御子として示された方、私たちの主イエス・キリストです」(ローマ一3―4)と述べたとき、エゼキエル書三七章の「ダビデを牧者にする一つの王国」を念頭に置いていたとすれば、異邦人の救いだけでなく、ユダヤ人の最終的な救いをも覚え、両者を二つに分けるのではなく、「一つの御国の民」ととらえていたに違いありません。

三八―三九章には「ゴグとマゴグ」のことが述べられます。創世記によれば、「マゴク」はヤペテの子とその子孫が住んだ地と言われています(創世一〇2)。ヨセフォスによれば、カスピ海とコーカサス地方の間の地域となっています。メシェクとトバルの大首長であるゴグはマゴグの地から大軍を率いてイスラエルを攻めて来ますが、敗北します（三八2―3、14、16、18、三九1、11）。しかし、ヨハネによれば、この預言は歴史的な事件を指すのではなく、終末の日に現れる黙示的なイメージの中で、サタンの手足となって、聖徒たちと聖なる都を攻めるけれども、天からの火で焼き尽くされるということです（黙示録二〇章）。

14　前五八七年四月（四〇1―四八35）

エルサレムが陥落しユダが滅んで十年が経った前五八七年、エゼキエルはイスラエルの将来について預言します。それは、神殿と聖所の門（四〇5―四四5）、レビ人と祭司（四四6―31）、奉納地（四五1―9）、正しい度量衡（四五10―12）、祭日と奉納物（四五13―25）、奥の中庭の門（四六1―10）、種々のささげ物（四六11―24）、神殿から流れ出る水（四七1―12）、相続地と奉納地（四七13―四八9）、十二の門（四八30―34）についてです。そして、エゼキエルは次のことばで締めくくります。

「町の周囲は一万八千キュビトあり、その日からこの町の名は、『主はここにおられる』と呼ばれる。」

ここに記された新しいイスラエルの国とその中心である神殿、そしてさまざまな規定を預言することによって、エゼキエルがいったい何を言おうとしたのか、よくわかりません。また、この預言を捕囚の民に告げたとき、彼らがそれをどのように受け取ったのかも不明です。捕囚の地には、神殿がなく、もちろん祭儀を行うこともないので、このようなユートピアを描くことによって、彼らは未来のイスラエルについて夢をもつことができたのでしょう。

前五三九年に思いがけないことが起こります。ペルシャ王クロスがバビロンを滅ぼし、さらに古代の専制王国では考えられない捕囚の民を解放するという勅令を出したのです。しかも解放するだけでなく、ネブカデレザル王がエルサレムから持って来た神殿の用具をはじめ、数多くの財宝を携えて帰国できるように援助してくれたのです（エズラ一章）。

エルサレムに着いた捕囚の民は翌年、神殿工事を始めました。ところが、周囲の異邦人がこれを妨害し、前五二〇年まで中止されました（同四24）。預言者ハガイとゼカリヤの預言によって励まされたゼルバベルが工事を再開し、神殿は五年がかりで完成します。その時の設計図は、ソロモンの神殿とともに、エゼキエルの預言による神殿の形、またレビ記とともに、エゼキエルの預言にあった祭司とレビ人、祭儀規定を参考にしたに違いありません。

ソロモンの神殿が三百六十年続いたのに対して、ゼルバベルの神殿は、ハスモン家がローマによって滅ぼされて神殿も破壊されるまで、五百六十年続きました。前二〇年ごろ、ヘロデ大王によって始められた神殿工事は五十年がかりでしたが、イエスの時代にはそれも終えていました。この神殿も、ソロモンの神殿、ゼルバベルの神殿とともに、エゼキエル書四〇章以下の預言を参照したと思われます。

ホセア書

ホセアの家庭生活

ホセア書は、預言者ホセアが主によって姦淫の女をめとれと命令される場面から始まります。「行って、姦淫の女をめとり、姦淫の子らを引き取れ。この国は主を見捨てて、はなはだしい淫行にふけっているからだ」（一2）。「そこで彼は行って、ディブライムの娘ゴメルをめとった。彼女はみごもって、彼に男の子を産んだ」（同3節）。しばらく二人は相思相愛のうちに暮らしたと思われます。

次々と三人の子どもたちが生まれました。しかし三人の子どもたちには、主のメッセージを伝える名前がつけられました。最初の男の子は「イズレエル」と名づけられました。それは、「イズレエルの血をエフーの家に報い、イスラエルの家の王国を取り除く」ことを意味する預言でした。女の子には、「ロ・ルハマ」と名づけました。ヘブル語で「愛されない」という意味で、主がイスラエルの家を愛さず、ユダの家を愛されるという預言でした。ゴメルはまた、男の子を産みました。その子の名は「ロ・アミ」と名づけられましたが、ヘブル語で「わたしの民ではない」という意味でした。しかしその名には、イスラエルの民は滅びるが、やがてイスラエルとユダの人々は一つになるという終末的な預言の意味も含まれていました。

やがてゴメルは夫を裏切って、多くの愛人と寝るようになります。

「あなたがたの母をとがめよ。とがめよ。

彼女はわたしの妻ではなく、わたしは彼女の夫ではないからだ。

彼女の顔から姦淫を取り除き、

その乳房の間から姦通を取り除け。」（二2）

恋人たちのあとを追ったゴメルを待っていたのは、恋人に捨てられ、貧窮の生活でした。しかし、捨てられたゴメルを主はもう一度連れ戻すように命じられました。「主は私に仰せられた。『再び行って、夫に愛されていながら姦通している女を愛せよ』」（三1）。

この不可解な命令を受けとめたホセアは、やがてそれが、イスラエルに対する主の愛の深さに気づかせるための試練であることを理解します。ホセアの語ったメッセージは苦しみの中から紡ぎだされたもので、霊的に深く、文学様式も幅広く、いろいろな手法が用いられています。

一章2節

〈新改訳〉

主がホセアに語り始められたとき、主はホセアに仰せられた。「行って、姦淫の女をめとり、姦淫の子らを引き取れ。この国は主を見捨てて、はなはだしい淫行にふけっているからだ。」

〈新共同訳〉

主がホセアに語られたことの初め。

主はホセアに言われた。

「行け、淫行の女をめとり

淫行による子らを受け入れよ。

この国は主から離れ、淫行にふけっているからだ。」

〈岩波訳〉

ヤハウェがホセアを通して語ったはじめ。

〔その時〕ヤハウェはホセアに言った、

「行って淫行の女を妻とし、淫行の子たちを取れ」。

それはこの地がヤハウェから離れ、

淫行に淫行を重ねているからである。

〈フランシスコ会訳〉

主はホセアに語り始められた。

主はホセアに仰せになった、
「行って姦淫の女を娶り、姦淫の子らを得よ。
この地は主を捨てて姦淫に耽っているから」。

この節はホセア書全体の主題を表している大切な節です。「行って、姦淫の女をめとり、姦淫の子らを引き取れ」の部分は直訳では、「行きなさい、取りなさい、姦淫の女を、姦淫の子らを」です。新共同訳は「淫行による子らを」と、他の三つの訳にはない表現を用いています。それによって、その子どもたちが淫行によって生まれたという解釈を明確に表しています。ホセアが結婚するように主に命じられた相手は、姦淫の罪を犯した女性でした。その女性が産んだ子どもは、前の夫との間にもうけられたのか、それとも姦淫の相手との間にもうけられたのか、わかりません。いずれにしても、ホセアはその女性と子どもたちを自分のもとに受け入れなければならないという、厳しい命令を受けました。その理由は、「この国は主を見捨てて、はなはだしい淫行にふけっているからだ」と主はおっしゃいました。「はなはだしい淫行にふけっている」は動詞「ザーナー」が二回繰り返されています。岩波訳の「淫行に淫行を重ねている」は原文の響きをうまく生かした訳です。

ホセアの痛み

二章2節

〈新改訳〉

あなたがたの母をとがめよ。とがめよ。
彼女はわたしの妻ではなく、
わたしは彼女の夫ではないからだ。
彼女の顔から姦淫を取り除き、
その乳房の間から姦通を取り除け。

〈新共同訳〉（二4）

告発せよ、お前たちの母を告発せよ。
彼女はもはやわたしの妻ではなく
わたしは彼女の夫ではない。
彼女の顔から淫行を
乳房の間から姦淫を取り除かせよ。

〈岩波訳〉（二4）

訴えよ、あなたがたの母を訴えよ。
彼女はわたしの妻ではないからだ。
わたしは彼女の夫でもない。

彼女の顔からその淫行を、
彼女の乳房の間からその姦淫を除かしめよ。
〈フランシスコ会訳〉（二4）
咎めよ、お前たちの母を咎めるのだ。
彼女はもはやわたしの妻ではなく、
わたしは彼女の夫ではない。
彼女は顔から姦淫を、
乳房の間から姦通を取り除かなければならない。

新改訳の一章10―11節はＢＨＳ（ビブリア・ヘブライカ・シュトゥトガルテンシア）では二章1―2節です。新改訳以外の三つの訳はＢＨＳと同じように区切っているため、新改訳の二章2節は他の翻訳では二章4節になっているのです。

ホセアとゴメルは三人の子どもをもうけました。その子どもたちに向かって、ホセアは自分の気持ちをぶつけます。新改訳の「あなたがたの母をとがめよ。とがめよ」は原文の響きを生かした訳です。原文でも「とがめよ」を意味する動詞が二回繰り返されています。他の三つの訳も、同じ表現を二回繰り返して、ホセアの怒りや悔しい気持ちを表現しています。ここでホセアは離婚を宣言しました。

ゴメルの心はホセアとの家庭にではなく、姦淫の相手の男性にありました（5節）。ゴメルの顔や胸には売春婦が男性を誘うための装飾品がつけられていました。「姦淫」「姦通」はその装飾品を指すと考えられます。

ホセアの愛

三章1節

〈新改訳〉

主は私に仰せられた。「再び行って、夫に愛されていながら姦通している女を愛せよ。ちょうど、ほかの神々に向かい、干しぶどうの菓子を愛しているイスラエルの人々を主が愛しておられるように。」

〈新共同訳〉

主は再び、わたしに言われた。「行け、夫に愛されていながら姦淫する女を愛せよ。イスラエルの人々が他の神々に顔を向け、その干しぶどうの菓子を愛しても、主がなお彼らを愛されるように。」

〈岩波訳〉

そこでヤハウェは私に言った、「もう一度、行って他の男に愛され、姦淫を行なう女を愛せよ」。これは、イスラエルの子らが他の神々に向かい、〔干し〕葡萄の菓子を愛するにもかかわらず、〔それでも〕ヤハウェが彼らを同じようにして愛しているからである。

〈フランシスコ会訳〉

主はわたしに仰せになった、

「再び行って、情夫に愛されている女、

姦通を行う女を愛せよ。

イスラエルの子らはほかの神々のほうを向き、

ぶどうの菓子を好んだが、

主は彼らを愛したではないか」。

ゴメルの不誠実に耐えられないホセアは離婚しますが、主はもう一度ゴメルを愛するようにホセアに命じます。一章3節に「ディブライムの娘ゴメル」という表現があります。「ディブライム」は「二つの干しいちじくの菓子」という意味で、売春婦の値が干しいちじくのお菓子二つの値段と同じだったという説があります。干しぶどうは干しいちじくと並ぶお菓子です。干しぶどうはただ単に無価値を意味しているのではなく、積極的に主に背くイスラエルの民を意味しています。「夫に愛されていながら姦通している女」は、主に愛されていながら偶像礼拝をするイスラエルの民と重ね合わされています。

「再び」は新改訳とフランシスコ会訳では「行って」、岩波訳では「行って、……愛せよ」にかかっていますが、新共同訳では「言われた」にかかっています。新共同訳の解釈では、主がホセアに繰り返し語りかけられたというところに強調点が置かれているのです。ホセアは主からの語りかけを、その都度真剣に受けとめ、行動に移していきます。

和解の提案

三章3節

〈新改訳〉

私は彼女に言った。「これから長く、私のところにとどまって、もう姦淫をしたり、ほかの男と通じたりしてはならない。私も、あなたにそうしよう。」

〈新共同訳〉

わたしは彼女に言った。「お前は淫行をせず、他の男のものとならず、長い間わたしのもとで過ごせ。わたしもまた、お前のもとにとどまる。」

〈岩波訳〉

「あなたは長く私のもとに留まり、淫行をなさず、他の男のものになってはならない。私もまたあなたに対して、同じようにしよう」。

〈フランシスコ会訳〉

「しばらく、お前は寂しくわたしを待て。

おまえは姦淫をしてはならない。
また、ほかの男のものとなってはならない。
わたしもお前の所に行かない」。

ホセアはゴメルに和解の提案をします。これは、神とイスラエルとの和解、神によるイスラエルの買い戻しを象徴しています。フランシスコ会訳は注で、「その時機は捕囚の終わりの時ではなく、むしろその始まる時、すなわちイスラエルの民が捕囚となってバアルから引き離される時を意味する。捕囚期間は主にとってもイスラエルにとっても、待機の期間である」としています。したがって、「お前は寂しくわたしを待て」は、捕囚期の間、イスラエルが主を待つ気持ちを前面に出した訳です。原文は「ヤーミーム・ラビーム・テーシュビー・リー」です。「ヤーミーム・ラビーム」は、直訳では「多くの日」です。「テーシュビー・リー」は「私のもとにとどまれ」です。フランシスコ会訳は、ホセアとゴメルは別々に暮らすという原文にはないニュアンスを込めています。

最後の部分は、新共同訳の「わたしもまた、お前のもとにとどまる」が直訳に近いものです。フランシスコ会訳は、その前に登場する否定辞が最後の部分にもかかるという解釈をしているのでしょう。他の三つの訳とは違う個性的な解釈です。

イスラエルの罪

四章16節

「まことに、イスラエルは
かたくなな雌牛のようにかたくなだ。
しかし今、主は、
彼らを広い所にいる子羊のように養う。」

ここでは、主の愛に背くイスラエルの強情さが描かれています。「かたくな」「強情」と訳されているのは「サーラル」で、旧約聖書に一六回用いられていますが、同じ節に二回用いられているのはここだけです。ホセア書には、ここ以外に九章15節で用いられています。野獣の餌食にされる危険性の中で、牧草地で放し飼いにされている子羊のように、イスラエルの民は主の愛の中に置かれながらも、危うい存在です。

イスラエルに対する神のさばき

五章15節

〈新改訳〉
彼らが自分の罪を認め、
私の顔を慕い求めるまで、
わたしはわたしの所に戻っていよう。
彼らは苦しみながら、わたしを捜し求めよう。
〈新共同訳〉
わたしは立ち去り、自分の場所に戻っていよう。
彼らが罪を認めて、わたしを尋ね求め
苦しみの中で、わたしを捜し求めるまで。
〈岩波訳〉
わたしは自分のところに帰ろう。
彼らが処罰を受けて、
わたしの顔を尋ね求め、
苦境にあってわたしを捜し求めるまで。
〈フランシスコ会訳〉
彼らが咎を認めてわたしの顔を求めるまで、
わたしはわたしの場所に帰っていよう。

彼らは苦難の中にあってわたしを捜し求めるであろう。

ここで主は、イスラエルの民がご自分のもとに帰って来るまで隠れると宣言されます。「自分の罪を認め」と「私の顔を慕い求める」は同義的パラレリズムです。岩波訳のように「処罰を受ける」という意味にもとれます。自ら罪を認めるのか、他者に罪を咎められるのか、いずれにしても、その瞬間に神の赦しを求める心が起こるまで、と主は仰せられます。自分の罪を認めることと、主を呼び求めることは一つの球の別の面です。どちらが先と言うことができません。ここは、苦しみの中で主を呼び求める人に、主は御顔を向けてくださるという約束でもあります。ですから、新改訳の「彼は苦しみながら」は、主を捜し求めることの苦しみではなく、具体的な苦しみが想定されていると考えられます。

悔い改めへの招き

六章1―3節

「さあ、主に立ち返ろう。
主は私たちを引き裂いたが、また、いやし、
私たちを打ったが、
また、包んでくださるからだ。

主は二日の後、私たちを生き返らせ、
三日目に私たちを立ち上がらせる。
私たちは、御前に生きるのだ。
私たちは、知ろう。
主を知ることを切に追い求めよう。
主は暁の光のように、確かに現れ、
大雨のように、私たちのところに来、
後の雨のように、地を潤される。」

この有名なテキストは、聖書に何回も現れる表現が用いられています。「主に立ち返ろう」の「立ち返ろう」はヘブル語の動詞「シューブ」で、話者の意志や決意を表す一人称複数のコホータティブ（願望）形です。「シューブ」はホセア書では一四回用いられ、一四章にも同じように用いられています。「あなたの神、主に立ち返れ」（1節）、「主に立ち返り、そして言え」（2節）と。

十二小預言書の鍵のことばの一つは、悔い改めの「シューブ」です。「わたしに立ち返れ」（ヨエル二12）。「あなたがたの神、主に立ち返れ」（同13節）。「おのおの悪の道と、暴虐な行いから立ち返れ」（ヨナ三8）。「あなたがたの悪の道から立ち返り、あなたがたの悪いわざを悔い改めよ」（ゼカリヤ一4）。「わたしのところに帰れ。そうすれば、わたしもあなたがたのところに帰ろう」（マラキ三7）。

「引き裂いたが、また、いやし」の表現も旧約聖書の中に何度も現れます。「わたしは殺し、また生かす。わたしは傷つけ、またいやす」（申命三二39）。「主は殺し、また生かし、よみに下し、また上げる」（Ⅰサムエル二6）。「神は傷つけるが、それを包み、打ち砕くが、その手でいやしてくださるからだ」（ヨブ五18）。「主がその民の傷を包み、その打たれた傷をいやされる」（イザヤ三〇26）。「わたしがあなたの傷を直し、あなたの打ち傷をいやすからだ」（エレミヤ三〇17）。「主は二日の後、私たちを生き返らせ、三日目に私たちを立ち上がらせる」（ホセア六2）。アブラハムがイサクをささげた事件について、パウロはこう述べています。「彼が信じた神、すなわち死者を生かし、無いものを有るもののようにお呼びになる方」（ローマ四17）。「主よ。あなたは私のたましいをよみから引き上げ、私が穴に下って行かないように、私を生かしておかれました」（詩篇三〇3）。ヨナが三日三晩、魚の腹に中にいながら、もう一度、生かされたのは、殺し、また生かされる神のお働きを示す最大の事例と言えるでしょう。

「大雨のように、私のところに来、後の雨のように、地を潤される」（ホセア六3）も、恵みの雨を下さる神として、旧約聖書によく現れます。「わたしは季節にしたがって、あなたがたの地に雨、先の雨と後の雨を与えよう」（申命一一14）。「私のおしえは、雨のように下り、私のことばは、露のようにしたたる。若草の上の小雨のように。青草の上の夕立のように」（同三二2）。「彼は牧草地に降る雨のように、地を潤す夕立のように下ってくる」（詩篇七二6）。「主は大雨を、先の雨と後の雨を、季節にしたがって与え」（エレミヤ五24）。

新改訳は、ホセア書六章1―3節を一区切りとし、4―11節と区分しています。ところが新共同訳は六章1―6節を一区切りとし、「偽りの悔い改め」という小見出しをつけています。1―3節は「偽りの悔い改め」のことばなので、神は4―6節で、それを厳しく咎めておられると解釈します。新共同訳には、原文にない小見出しがつけられていますが、それらを見ると、四章から、「主の告発」「イスラエルに対する審判」「戦争の罪と罰」のあとに、「偽りの悔い改め」の項目があって、以下、「イスラエルの罪」（六6―七7）と一四章1節まで（一一章を除き）主としてイスラエルの罪とそれに対するさばきの言葉が続きます。ホセア書の最後の一四章2節から10節で、「エフライムの回復と祝福」の預言が述べられているとしています。

私たちは、四章1―3節が旧約聖書の至る所に見られる、悔い改めと神への信頼を表現することばが繰り返されていると受け取り、そのあとに神の厳しいさばきのことばが述べられていると解釈します。しかも、ここをホセア書の中心的なメッセージであると考えます。

岩波訳（鈴木佳秀訳）でも、六章1―6節に「偽りの悔い改め」と小見出しがつき、注に「六1―3と4―6は、見事な対応関係をなす。前者の引用されている告白が、後者のヤハウェの言葉によって否定されている」とあります。

けれども、この「偽りの悔い改め」という解釈にはいくつかの欠陥があります。第一は、章節の区切りは本来、原文にはなく、1—6節を一区切りとするのは恣意的で、あくまでも一つの考えにすぎないということです。第二は、1—3節にあるような悔い改めの表現は旧約聖書の中に何度も現れ、それが「偽りの悔い改め」のように用いられている例は一つもないということです。

ホセア書は全体的に見るならば、罪の告発とさばきの宣告から成っていると言えるでしょう。一一章には「強い神の愛」が述べられており、最後の一四章で、「イスラエルよ。あなたの神、主に立ち返れ」と悔い改めと回復の約束が述べられます。

ホセアのメッセージは、もともとヤロブアムの時代にイスラエルに語られたものです。そして同時代の南ユダのウジヤ、さらにヨラム、アハズの時代にユダにおいても語られ、前七二一年にサマリアが陥落して北イスラエルが滅びると、南ユダの人々に、アハズの時代、ヒゼキヤの時代へと語り継がれました。イスラエルに次いでユダも滅びることがなんとかないようにという預言者ホセアの願いが、罪の告発とさばきの宣告の背後に流れています。それが、六章1—3節と、一四章1—3節の「シューブ」（立ち返れ）の意味でしょう。

イスラエルの火と神の火

七章4節

「彼らはみな姦通する者だ。

彼らは燃えるかまどのようだ。
彼らはパン焼きであって、
練り粉をこねてから、
それがふくれるまで、火をおこすのをやめている。」

「かまど」（タヌール）は旧約聖書に一五回用いられ（創世一五17、出エジプト八3、レビ二4、七9、一一35、二六26、ホセア七4、6、7、マラキ三19、詩篇二一9、哀歌五10、イザヤ三一9、ネヘミヤ三11〔「炉」〕、一二38〔「炉」〕）。ホセア書に三度出てくる「かまど」は、イスラエルの罪を正確に指摘しています。かまどの中で赤々と燃える火は、イスラエルの際立った悪や愚かさを連想させます。パンを焼く人はかまどを見守り、火が大きくなり過ぎないように注意しなければなりません。ここでは、その注意を怠ったため、かまどが熱くなり過ぎています。イザヤ書三一章9節でも火と熱の象徴として「かまど」が用いられていますが、ここでは、シオンに座する主が、焼き尽くす火としてすべてを焼き滅ぼされるとの意味です。主の怒りの火の大きさも忘れて、強情さのゆえの火を煮えたぎらせているイスラエルの民は何と愚かなことでしょうか。

イスラエルの偶像の罪と背信

一〇章6節

〈新改訳〉
その子牛はアッシリヤに持ち去られ、
大王への贈り物となる。
エフライムは恥を受け取り、
イスラエルは自分のはかりごとで恥を見る。
〈新共同訳〉
偶像はアッシリアへ運び去られ
大王の貢ぎ物となる。
エフライムは嘲りを受け
イスラエルは謀のゆえに辱められる。
〈岩波訳〉
子牛はアッシリアに運び去られ、
大王への贈り物とされる。／
エフライムは恥辱を受け、
イスラエルはその偶像のために恥をかく。
〈フランシスコ会訳〉
それは大王への献げ物として

アッシリアに持ち去られる。
エフライムは恥を受け、
イスラエルはその謀を恥じるであろう。

主語は原文では「それは」ですが、新改訳と岩波訳は「子牛」、新共同訳は「偶像」と解釈しています。もし偶像であれば、今まで贈り物を受けていた偶像が大王への贈り物となったという皮肉です。それは、アッシリアの神殿に納められたと考えられます。

「はかりごとで恥を見る」（新改訳）の部分では、岩波訳は子音を一つ読み替えて「偶像のために恥をかく」としています。偶像はイスラエルの民を救うことができません。そのために、イスラエルは恥をかきます。A・ヴァイザーは次のように指摘しています。

「その時になってエフライムは、動物像でヤハウェを拝することとは、偶像に仕えていたのであって、たといそうだと信じてはいても、本当は神に仕えていたのではなかった、と悟るのである。民は自らの罪を認め、深い恥にさし貫かれ、偶像を破壊することで、助け、そしてまた滅ぼす力をご自身だけがもちたもう真の神の栄光が、ここに示されるのである」（『ホセア書・ヨエル書・アモス書・オバデヤ書・ヨナ書・ミカ書』ATD旧約聖書註解25、一四二―一四三頁）。

一一章7節

〈新改訳〉
わたしの民はわたしに対する背信から
どうしても離れない。
人々が上にいます方に彼を招いても、
彼は、共にあがめようとはしない。
〈新共同訳〉
わが民はかたくなにわたしに背いている。
たとえ彼らが天に向かって叫んでも
助け起こされることは決してない。
〈岩波訳〉
わが民はわたしに背いて滅びにさらされているのに、
彼らがアルによって告げる。
彼らを〔救い〕上げることなどできもしないのに。
〈フランシスコ会訳〉
わたしの民はわたしを見捨てたために弱った。
彼らはバアルを呼び求めるが、
バアルは彼らを助け起こせない。

この節は本文が壊れているため、翻訳が難しい箇所です。イスラエルの背信と偶像のむなしさを語っている節ですが、細かい点では解釈に幅広い可能性があります。たとえば「人々が上にいます方に彼を招いても」（新改訳）は、ＢＨＳのマソラで「彼はバアルに向かって叫ぶ」と読み替える提案がなされています。フランシスコ会訳はこの提案に従っており、最後の部分にもその影響が及んでいます。岩波訳は、「彼らがアルによって告げる」が占い師たちによって語られていると考えています。「アルによって」は原文で「エル・アル」です。これは神の名と考えることもできますし、「天に向かって」と考えることもできます。

一二章8節

〈新改訳〉

エフライムは言った。
「しかし、私は富む者となった。
私は自分のために財産を得た。
私のすべての勤労の実は、
罪となるような不義を私にもたらさない。」

〈新共同訳〉（一二9）

エフライムは言う。

「わたしは豊かになり、富を得た。
この財産がすべて罪と悪とで積み上げられたとは
だれも気づくまい。」
〈岩波訳〉（一二9）
エフライムは言う、
「どうだ、私は富める者となった。
私は富を獲たのだ。
私が獲た物すべては、
私に咎めをもたらすまい。
それが罪だとして」。
〈フランシスコ会訳〉（一二9）
エフライムはこう言った、
「わたしは何と豊かになり、財宝を得たことか」と。
しかし、彼が犯した不正を償うためには、
彼のすべての富も役に立たない。

新改訳では、BHSの一二章1節を一一章の最後の節に区分しているため、一二章8節は、他の三つの訳では一つずれて一二章9節となります。

ここも原文の解釈が難しい箇所です。特に後半は解釈が分かれています。ルカの福音書一二章16―21節、ヨハネの黙示録三章17―18節では、蓄えた財産ではいのちを救うことができないと書かれています。新改訳、新共同訳、岩波訳は、愚かな金持ちのつぶやきと似ています。七十人訳は「彼のすべての労苦は見いだされない。彼が罪を犯した不義のゆえに」と訳しています。これは、ルカの福音書やヨハネの黙示録の結論と同じです。フランシスコ会訳は七十人訳の解釈を採用しているため、他の三つの訳とは違っています。

イスラエルの繁栄

一四章5節

〈新改訳〉
わたしはイスラエルには露のようになる。
彼はゆりのように花咲き、
ポプラのように根を張る。
〈新共同訳〉（一四6）
露のようにわたしはイスラエルに臨み
彼はゆりのように花咲き

レバノンの杉のように根を張る。

〈岩波訳〉（一四6）

わたしはイスラエルに対して露のようになり、

彼は百合のように芽を出す。

レバノン〔杉〕のようにその根を張る。

〈フランシスコ会訳〉（一四6）

わたしはイスラエルに対して露のようになる。

彼はゆりのように花咲き、

ポプラのように根を張る。

BHSの一四章1節を新改訳は一三章に含めているため、ここでも他の三つの訳と節が一つずれています。

一四章5―7節は、捕囚から帰還したイスラエルが、生き生きとした植物のように根を張り、喜びにあふれて生活する様子が描かれている美しい箇所です。「露」（タル）は旧約聖書に三一回用いられています。ホセア書には三回で、ここ以外に六章4節と一三章3節です。ここでは、主を信頼する者に無償で与えられる神の恵みの象徴として用いられていますが、六章4節ではイスラエルの不誠実さのたとえに、一三章3節では偶像に拠り頼む者らのはかなさのたとえに用いられています。同じ語がまったく違う意味のたとえに用いられ、そのことによって強い印象を与えています。

新改訳とフランシスコ会訳はＢＨＳの提案に従って、「レバノンのように」（カレバーノーン）を「ポプラのように」（カリベネー）に読み替えています。偶像に心をとらわれながらも、主の愛によって引き戻された人も、ゆりやポプラのように、花を咲かせ、根を張り、美しく露をしたたらせて生き生きと生かされるという希望のメッセージがここにあります。

ヨエル書

著者について

エルサレムから西、約一〇キロのところにあるキリアテ・ヤリムに、ヤドハシェモナという宿泊施設があります。ヘブル語で「ヤドハシェモナ」は「八人のために」という意味で、第二次世界大戦中、フィンランドからアウシュヴィッツに強制送還された八人のユダヤ人の死を覚え、その記念のためにフィンランドの人々が基金を募り、メシアニック・ジューが経営するフィンランド風のコテージの宿泊施設が生まれました。広い敷地の中にはビブリカルガーデンがあり、旧約時代の幕屋の模型、ぶどうしぼり器などがあります。その入口にヨエルの銅像があり、「あなたがたの着物ではなく、あなたがたの心を引き裂け」（二13）と天を仰いで、衣を裂いている預言者ヨエルの姿が印象的です。思いもよらなかった、イナゴの災害、そしてイスラエルの地震（アモス一1）、そしてたぶんアウシュヴィッツの悲劇、人類は絶えず思いも及ばない災害に出合い、そのたびに神からの「あなたがたの心を引き裂け」との声を聞かせられてきました。

ヨエルとは、「主（ヤハウェ）は神である」という意味で、旧約聖書の中に同名のものが一三名もいることから、ごく一般的な名前であったことがわかります（Ⅰサムエル八2、Ⅰ歴代四35、五4〔8〕、12、六36、七3、一一38、一五7〔11〕、二七20、Ⅱ歴代二九12、エズラ一〇43、ネヘミヤ一一9と、預言者ヨエル）。

ヨエルの父「ペトエル」の名は一章1節に出てくるだけで、その出生は不明です。いなごの災害についての預言、北の脅威、また祭司たちへの呼びかけ（一13、二17）から見て、エルサレムの祭司的預言者であったとする説もあります。

ヨエル書がホセア書とアモス書の間に置かれていることと相俟《あいま》って、ホセアやアモスの時代に近いと考える伝統が強いことも確かです。ヨエルの預言は、徹頭徹尾、いなごの災害と結びついています。ヨエルはこの災害を通して「主の日」が近いことを知り、神のさばきの預言を始めたに違いありません。想像を絶するようないなごの災害がいつ起こったのか、それを知ることは、現在のところ不可能です。

ヨエル書の文体

ヨエルの文章は生き生きとしており、いなごの災害を中心的メッセージに据えて、隠喩とか寓喩の形で表現が展開されていきます。一章6節においては、いなごが「国民」と呼ばれています。

また「民」と呼ばれています（二2、6）。いなごの歯は「雄獅子」の歯にたとえられており（一6）、その災害は、野を焼き尽くす「火」にたとえられています（二3）。また「軍馬」のようです（二4）。その飛びおどる音は「戦車」「火の炎」「戦いの備えをした強い民」のようです（同5節）。それは城を攻める兵士のようです（同7節）。二章13節では、悔い改めが「着物を引き裂く」ことに対比されて「心を引き裂く」ことにたとえられています。三章13節では、さばきの日が収穫の日にたとえられています。

ヨエル書は、三章から成るわずか七十三節の小預言書ですが、そこには驚くほど多くの用語や思想が繰り返し用いられています。繰り返しによって主題が強調されているだけでなく、連続性と思想の深まりとクライマックスを示す効果をあげています。詩文体の特徴である同義的パラレリズム、反意的パラレリズム、説明的パラレリズムが一貫して用いられており、繰り返しと重複させることによって、いっそうの文章効果をあげています。

たとえば、一章2―3節のいなごの災害の前代未聞の恐ろしさが、二章2節でも繰り返し強調されています。また、三章4節では報復が三度繰り返され、三章7節でも繰り返すことによって神の敵と神との関係が思想的に展開されています。さらに「奮い立たせ」「起き上がり」ということが9節と12節に繰り返されているので、9―10節の段階と11―12節の段階に連続性のあることがわかります。同じような連続性を、三章17節、21節においても「主はシオンに住まれる」という表現によって推測することができます。

また、ヨエル書は、パラレリズムと繰り返しを積み重ねつつ、多様な用語と表現を用いて、油絵画法のような効果をねらっていると言えるでしょう。その典型的な例は、いなごの災害で、一章4節の「かみつくいなご」「いなご」「ばった」「食い荒らすいなご」（二25参照）がそれです。あるいは、一章7節、10—12節、17—20節などで、農作物の被害状況が重層的に描かれています。その間に、悔い改めの勧めが入り（14節）、さらに二章で敵軍の比喩を用いたいなごの災害が繰り返され、12節で再び悔い改めの勧めがなされた後、神の恵みのメッセージが現れてくることによって、思想は循環しつつ展開します。

「いなご」について

ヨエル書の「いなご」は文字どおりとるべきでしょうか。それとも象徴的に解釈すべきでしょうか。これについては一章4節、二章25節で使われている用語をまず調べておく必要があります。

	〈新改訳〉	〈新共同訳〉	〈岩波訳〉	〈フランシスコ会訳〉
ガーザーム	かみつくいなご	かみ食らういなご	嚙み食らう蝗	嚙み食う蝗
アルベ	いなご	移住するいなご	渡り蝗	移住蝗
エレク	ばった	若いいなご	跳び蝗	跳び蝗

ハーシール　食い荒らすいなご　食い荒らすいなご　食い荒らす蝗　食い荒らす蝗

①ガーザーム

新改訳で「かみつくいなご」と訳されている「ガーザーム」とは、いったいどのようないなごでしょうか。この語根は「かみ切る」で、発育中の若いいなごの食欲が盛んで、草や木の葉をかみ食らうところから、名称が出てきているとも考えられますし、あるいは、一般的にいなごの食欲のすさまじさを表現しているとも言えます。

②アルベ

次の「いなご」は、新共同訳では「移住するいなご」と訳出されています。アルベは、語根が「ラーバー」（多い）で、「無数」「増えるもの」を意味し、いなごの総称として用いられることが多いようです。旧約聖書中、二四回と最も多く用いられ、「いなご」と訳出されるのが普通です（出エジプト一〇4、申命二八38、Ⅰ列王八37、Ⅱ歴代六28、詩篇七八46など）。

③エレク

新改訳で「ばった」と訳されているエレクは、旧約聖書中九回用いられています（詩篇一〇五34、エレミヤ五一14、27、ヨエル一4に

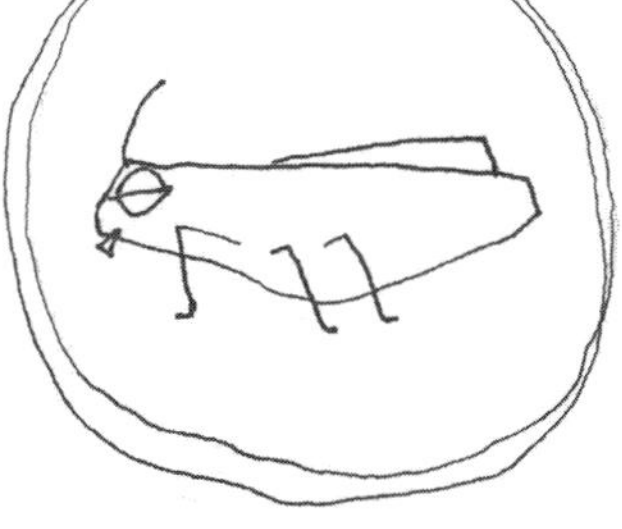

二回、二25、ナホム三15に二回、16)。詩篇一〇五篇34節では「若いいなご」と訳されています。語根は「なめる」「たたむ」の意味で、おそらく小さな羽をたたんでいる状態での若い発育中のばったを指すのでしょう。

④ハーシール

新改訳では「食い荒らすいなご」と訳され、旧約聖書中、六回用いられています(I列王八37、Ⅱ歴代六28、詩篇七八46、イザヤ三三4、ヨエル一4、二25)。これらの箇所では、イザヤ書を除き、すべて「アルベ」といっしょに用いられています。「アルベ」は単に「いなご」と訳出され、「ハーシール」はいなごの幼虫であることを意味しています。イザヤ書では「ゲーブ」(三三4)も「いなご」と訳しています。ところが新改訳では、ヨエル書以外のすべての箇所で「ハーシール」を「油虫」と訳出して、「いなご」と対比させていますが、「油虫」という訳語は不適切でしょう。「ハーシール」の語根は「食い尽くす」という意味だからです。

以上の検討の結果わかるのは、これら四つの用語が、いなごの種類を指すのか、成長の過程を示すのか、訳が一定していないことです。

日本でふつう「いなご」という場合は、稲の葉を食べる害虫として知られ、体長三―四センチのものです。しかしヨエル書で描かれている「いなご」は、日本人には想像を絶する大型のいなごです。体型は一〇―一五センチに及び、あごが発達し(一6参照)、動物をも嚙み裂く力をもち、樹皮も食い荒らします。何千万、何億といういなごが雲のように飛んで来るとき、その響きは大地を轟かし、聞く者はおののき震えあがりました（二5—6参照）。その被害は、植物、動物のすべてを食い尽くし（同3節参照）、家屋の中にも侵入してすべての食料品を食べてしまうほどです（同7—9節参照）。

このようないなごが、どのようにして発生するかということは、一九二一年、B・P・ウバロフの研究によって明らかにされました。

いなごは、中近東に約四十種類いますが、これらのいなごは種類別ではなく、ある特徴的状況において、大きな体型の群生に突然変異します。ふつうのいなごは孤立相の小型のものです。その幼虫は、動きが遅く、周囲の色に体色が似ています。成虫となっても羽は短く、足は長いのです。ところが、砂漠と草原の中間地帯のような乾燥した平原で、一定の熱と湿気があり、孤立相の幼虫がある程度の数に達し、一定の期間を経ると、突然変異を起こして群生相となります。すると体型は大きくなり、黒と黄の色をもって、激しく活動し、食欲も旺盛になり、爆発的にその数を増し、周囲に広がっていきます。気温の高い乾燥した日に、いなごの大群は飛び立って雲のように他の地域に移動し始めます。一八八九年に紅海の地域で発生したいなごの大群の範囲は、三、五〇〇平方キロに及んだといいます。

ヨエルの時代にも、何十年か何百年に一度という大群が、南の砂漠地帯からパレスチナ地方に押し寄せ、すべての作物を食い荒らし、森林も荒廃させ、家畜にも被害を及ぼしたと考えられます。こうした歴史的な大災害の体験をふまえて、預言がなされていると考えるのが自然でしょう。

「主の日」

いなごの大災害の体験をふまえて、ヨエルは本書の主題「主の日」について預言します（一15、二1、11、31、三14、18）。ヨエルが考えていた「主の日」とは、いったいどのようなものでしょうか。

ヘブル語で「主の日」は「ヨーム・ヤハウェ」ですが、「ヨーム」は単純な二十四時間から成る一日を指すのではなく、意味をもった「とき」を内包する一定の期間を指します。「ヤハウェの日」の起源は明らかではありませんが、イスラエルの聖戦思想と関係し、ヤハウェが戦いに勝利を得させてくださった日を意味したと考えられます。それは「諸国の民の終わりの時」（エゼキエル三〇3、ハガイ二22）であり、エジプトの滅びの日（エレミヤ四六7―12）、エドムの滅亡の日（オバデヤ15―16）です。しかし、預言者たちは、ヤハウェのさばきが異邦人だけでなく、背信のイスラエルにも及ぶものとして見ました（アモス五18、20、ゼパニヤ一4―二3）。預言者の中でヨエルがどこに位置するにせよ、いなごの災害を通してイスラエルへのヤハウェ神のさばきの手を見たことは間違いありません。

ホセアは、性的退廃と偶像礼拝の中に神のさばきの御手を見ました。アモスとミカは、社会不正に対する神のさばきを見ました。ハバククは、北からのバビロニア軍の脅威の中に神のさばきの御手を見ました。ところが、ヨエルの立場はただ一回のいなごの大災害において神の臨在性を見ています。そしてそこに、さばきの御手と悔い改めへの招きと、主の日の啓示を受けた点において、独自性を示していると言えるでしょう。強いて言うならば、アモスやゼカリヤに言及されている地震（アモス一1、ゼカリヤ一四5）にその類比性を見ることができますが、自然の大災害そのものを真正面に据えて、それについてだけ独自の思索をめぐらし、神の臨在についてあらゆる面から展開してみせている点に、ヨエルの現代性を見るのです。

ヨエルのように、自然の大災害そのものに神の臨在性を感じ取り、それをどこまでも、しつこく追いつめていく姿勢は、現代人には無縁のようです。しかし、愚かにすら見えるその素朴さこそが、人間のはかなさや虚無性に敏感ではあっても、創造神の臨在感に希薄になっている今日の日本人に対する逆の面からの現代性であると言えます。

ただ一回限りのいなごの災害を、神の臨在と関わらせながら、とことん考え抜くヨエルは、ヤハウェ神のさばきの手の向こうに、悔い改めへの招きと回復の希望があることを見ています。いなごの大災害を通して、さばきの日を見た（一15、二1）と同時に、悔い改める者には輝かしい救いが用意されているのを見ました（三18）。すなわち、「主の日」「ヤハウェの日」は、さばきの日であるとともに、救いの日なのです。このような「さばき」と「救い」の両者が、同じ時に起こるのか、それとも、さばきがあって後、救いの日が来るのか、それを決定することは難しい

からです。

でしょう。なぜなら「日」と訳されている「ヨーム」は、二十四時間から成る一日とは限らない

「ヤハウェの日」が預言者たちの間で、ある程度の共通理解をもたれていたことは、たとえば、イザヤ書二章2—5節とミカ書四章1—5節の終末預言がほとんど相似であることからも推測されます。イザヤ書二章2節では「ヤハウェの日」が「終わりの日」と呼ばれ、「日」は複数形で、かなり長い期間を示しています。また、「終わり」は文字どおりには「後」です。ユダヤ人にとって、過去は「前」にあり、未来は「後」でした（たとえば、H・W・ヴォルフ『旧約聖書の人間論』日本キリスト教団出版局、一八三—一八四頁）。それは、延長線上にある数量的概念ではなく、むしろ、人間存在の「うしろ」から迫ってくる「隠れたるもの」が明らかにされる時でした。

もしも人生や歴史が一つのきまりきったパターンであるならば、未来、すなわち「うしろからくるもの」について開示する必要はありません。ある程度類推できる事柄で、なにかの因果法則で計測可能であれば、そこで口を開く者は、学者であって預言者ではありません。しかし、人間のまったく予測していなかったいなごの大災害の中に神の臨在性を見た預言者は、後にくる「ヤハウェの日」の奥義についても語らねばなりません。それゆえヨエル書の「主の日」（ヨーム・ヤハウェ）について学ぼうとする者は、将来の時間的延長線上のある定点に位置する、ある具体的な出来事を見いだそうと期待すべきではありません。むしろ、いなごの大災害がヨエルに神の臨在を感じさせ、そのことが「ヤハウェの日」の臨在感とどのようにつながっているかというこ

とに焦点をあてて味わうべきでしょう。そして、そのような研究の姿勢に一貫するものが「開かれた態度」です。そのときに、ヨエルが「ヤハウェの日」において預言者たちと共有概念に立ちつつも、独自の啓示を今日のわれわれに語っていることに気づかされるでしょう。

「ヤハウェの日」のしるし（二28―32）

預言者ヨエルは、社会的不義を叱責したり、偶像礼拝と結びついた淫行を問題にしたりするわけではなく、人々が平穏無事の日常生活の中で特別な悪や罪を犯さないまま、小市民的な生活の中にどっぷりつかっていることを問題とします。数十年前のいなごの大災害の記憶が過去のかなたに消え去ろうとし、きょうのように明日の生活があり、それが永遠に続くかのように錯覚している小市民的精神に対して、いなごの大災害をリアルに描くことで、ある程度揺さぶりをかけることに成功します。次に、災害の背後に主の御手があることを確認し、その御手が今も近づきつつある「さばきの日」を招いていることを預言します。そして、悔い改めるならば、さばきの日は祝福の日に変えられるであろうと預言します。

今、ヨエルは、そのような祝福の内容は、単なる地上的な荒廃の回復と豊かな実りの保障だけでなく、さらに超自然的なしるしをも伴うことを預言します。ここで、ヨエルの預言は、いなごの大災害と結びついた彼の特殊な感覚による預言の枠から脱却し、普遍性を獲得します。そして、聖霊降臨の日のペテロの説教によって教会が存在するかぎり、預言の成就を主張し続けるのです。

「夢を見」、「幻を見る」（二28）

「その後、わたしは、わたしの霊をすべての人に注ぐ。
あなたがたの息子や娘は預言し、
年寄りは夢を見、若い男は幻を見る。」

ここでは「わたしは、わたしの霊をすべての人に注ぐ」のあと、三行の同義的パラレリズムが続き、「預言」、「夢」、「幻」は同義語であることがわかります。「若い者は幻を見る」は、若い者だけが特別の「幻」を見るという意味ではありません。たとえばイザヤ書一章1節の「幻」は「預言」の意味です。主が主の霊を注がれると、すべての人は預言し、神の言葉を語るのです。

ペテロがペンテコステの日に引用した場合、ヨエル書三章1節は新しい意味をもちました。それは十字架につけられたナザレのイエスが、よみがえり、信じるすべての人の主になられたことです（使徒二16—36）。特に33節の「ですから、神の右に上げられたイエスが、御父から約束された聖霊を受けて、今あなたがたが見聞きしているこの聖霊をお注ぎになったのです」ということばは、使徒の働き二章1—4節における異言の現象に直接関わっています。突然、天から激しい響きが起こり、「みなが聖霊に満たされ、御霊が話させてくださるとおりに、他国のことばで話しだした」のは、神の右に上げられたイエスが御父から受けた聖霊を注がれた結果なのです。

「生き残った者」(二32)

「のがれる者」、「生き残った者」は、旧約聖書における重要な用語です。「残りの者」を表す主要な四つの用語のうちの二つがこれです。

「のがれる者」はヘブル語の「ペレーター」で、動詞「パーラト」に由来する女性名詞形です。男性名詞形でも意味に違いはありませんが、ヨエルは二回とも女性名詞形を用いています(二3、32)。動詞「パーラト」は「逃れる」、特に戦争で敵から救い出されることを意味します(Ⅱサムエル二二44、詩篇一七13など)。旧約聖書中に二七回、そのうち一九回が詩篇です。名詞形は二つの男性形(二四回、主にエゼキエル書)と一つの女性形(二八回、主にイザヤ書)で、意味は同じです。

もう一つのことば「生き残った者」のヘブル語は「サーリード」で、動詞「サーラド」に由来し、戦争などの大虐殺から「逃れた者」ということです。動詞形ではヨシュア記一〇章20節に一回、名詞形では二九回、おもにヨシュア記一〇章に用いられています。

ちなみに、「残りの者」を表すその他の二つの用語は、「余る」、「残す」という意味で、戦争とは特に関係ありません。そのことを考慮すると、ヨエルはここで特に戦争と関係して「残りの者」を考えていたことがわかります。これを同じ思想の現れるイザヤ書四章と比較すると、イザヤは「ペレーター」は用いていますが（四2）、「サーリード」は使わず、一般的な「シャーアル」、「ヤーサル」を用いていることが興味深いところです。

もともと旧約聖書において「残りの者」の思想はさばきと結びつき、ひとりも生き残らせないという否定的な面がそこにありました（民数二一35、申命三3、ヨシュア八22、一〇28など参照）。ヨシュア記一〇章28節、一一章8節を見ると、これが聖戦の思想と結びついていることがわかります。神の命令によって敵を絶滅させなければならなかったヨシュアの時代が、預言者の時代になると、さばきは神の民イスラエルにも向けられ、神の選びと聖の自己矛盾をめぐって神学的な深さを増し加えることになります。

このことをよく示しているのがイザヤ書です（四章、六13、一〇22―23）。神に背き、神による悔い改めの招きを無視する神の民は滅ぼされなければなりません。にもかかわらず、神は選びの約束に忠実であるため、神の民を愛し、これを生かされます。イザヤはこれを「残りの者」の思想の中に展開しました。すなわち、「残りの者」とは、単に量的な余りとか、幸運にさばきの手を逃れた者というのではなく、神の一方的なみわざによって新しく創造された者のことです。

では、ここでヨエルはどのような意味で「残りの者」の用語を使ったのでしょうか。それは、ヨエルという預言者をどこに位置づけるかによって違ってきます。イザヤやミカよりも前なのか、捕囚期後なのか。このことは不明です。また、ヨエルは預言者たちの中でも独自の感覚と表現力の持ち主です。それゆえ、ヨエルが用いている「残りの者」の用語の意味も、二章28―32節のコンテクストの中で幅広く理解しておく必要があります。聖霊の降臨、福音宣教、天変地異を伴う終末の日の切迫、そして戦争の中で、神を信じ、主の御名を呼び求める者は、選びの民として残され、救われるのです。

諸国へのさばき（三1―8）

三章1―8節は、BHSでは四章1―8節になっています。新改訳では三章4―8節を散文体にしていますが、新共同訳、フランシスコ会訳、岩波訳では詩文体になっています。

ヨエルはここで二章28―29節の内容について、さらに詳しく説明しています。三章1節で新改訳が「繁栄」と訳している語は新共同訳でも「繁栄」ですが、岩波訳では「囚われ人」、フランシスコ会訳では「運命」と訳されています。ここは翻訳比較を見ることで、その意味がいっそう深く味わえる良い例です。

最後の戦い（三9―16）

ヨエルは前の段落（三1―8）で、神の民イスラエルに対する悪事の報復を神ご自身がなさることを明らかにしましたが、そのことから最後の日に、神が、神のすべての敵と対決される状況へと話を進めていきます。それによって、いなごの大災害は、神の敵の暴虐、この世のいっさいの悪と内的につながっていることが明らかにされます。そして、このような悪そのものとの対決と、神による勝利こそ信仰者の最終的な目標です（エペソ六10以下参照）。しかもそのような戦いは、神の戦いであり、終末の日の大決戦です。逆に言うならば、日常性のうちに埋没する信仰者は、過去の未曾有の大災害も忘却しがちであり、未来のさばきの日を展望することなく、刹那的であり、自己保守的ですから、今の時になさねばならない悪の力との戦いについても無関心になってしまいます。

9節に「聖戦をふれよ」とありますが、新共同訳と岩波訳では「戦いを布告せよ」、フランシスコ会訳では「戦いを布告し」となっています。イスラエルの民にとって戦争は宗教的行為でした。その戦いはイスラエルのものではなく、主ご自身の戦いです（Ⅱ歴代二〇15参照）。今、ヨエルは皮肉にも、神の敵に向かって聖戦の備えをし、神に向かって戦いを挑むようにと命じています。

終わりの日の開示（三17—21）

いなごの大災害をリアルに描き出し、悔い改めるようにと勧めることから始まったヨエルの預言は、祝福に満ちた回復の日のイメージから、聖霊降臨のイメージへと進み、さらに神の民の敵がさばかれ、いっさいの悪を神が滅ぼされる日へと移ってきました。そして、イスラエルのみが神の民として高く上げられ、神がシオンに永遠に住まわれる日について開示します。しかし、これがいなごの大災害に始まって、悲しみと悔い改めを勧められる小市民的なイスラエルの日常性に対する激しいヨエルの情熱を抜きにしては、単なる地上のイスラエルを賛美するナショナリズムの歌となってしまいます。また、キリスト教会が数量的発展を求め、自己防御的になってしまう危険性を、この段落の解釈が常にもっていることを覚えなければなりません。

ヨハネ黙示録二一章22節以下を見ると、新しいエルサレムには聖所がなく、全能者にして主なる神と小羊が、聖所であると言われています。主なる御子キリストが新しいエルサレムの中心であり、そこでは日や月が都を照らす必要がないと言われています。神の栄光が都を明るくし、小羊が都の明かりだからです。

私たちは今日、そのような状況を想像することもできません。しかし、黙示録に書かれている状況は、作り話や神話的描写ではありません。そこでは、信仰者たちがキリストの義の衣を着、一人ひとりのアイデンティティーを失うことなく、神を賛美する生活に入れられます。ヨエルがこのような状況まで見通したかどうかは疑問ですが、原則的には同じ神の永遠の都エルサレムの臨在をここに預言して、締めくくりとしているのです。

アモス書

「今日、われわれは『ニーバー・リヴァイヴァル』と呼ばれる現象のただ中にいる」（S・R・ペイス『はじめてのニーバー兄弟』教文館、二〇一五年、一一頁）。

ラインホルド・ニーバー（一八九二―一九七一年）とリチャード・ニーバー（一八九四―一九六二年）は牧師の息子に生まれ、共にセントルイスのイーデン神学校に学びましたが、そこで聖書学者サムエル・プレスの影響を強く受けます。特に「アモス書」の講義に感銘し、「すべての神学はアモスに始まる」と語っています。ニーバーの「公共の神学」はアモスのメッセージの現代版と言えるでしょう。「ラインホルドは『オバマの神学者』と呼ばれることになった。そしてラインホルドの影響はオバマ大統領の政策や演説の多くに反映されていることが察知されることになった。特にそれは二〇〇九年にオバマ大統領がノーベル平和賞を受けた時に行った記念講演が、二一世紀における平和実現のための問題をめぐるラインホルド・ニーバー的分析を基調としていることに表れている」（同書、二二六頁）。

アモスと同時代の預言者としては、イザヤをはじめ、ホセア、ミカをあげることができます。

その中で、「すべての神学はアモスに始まる」とニーバーに言わせた理由は何かを考えてみることが、アモス書を味わう出発点であると思います。

著者について

アモスは「テコアの牧者のひとり」（一1）であると言われています。テコアはエルサレムの南二〇キロのところにある標高八五〇メートルの町です。ここで羊飼いをしながらいちじく桑の木を栽培していたアモスは、ユダとイスラエル、周辺諸国の事情に通じていました。一介の牧者であり、農夫にすぎないアモスに、神の召命が与えられました（七14―15）。その目的は北王国に遣わすためでした（同15節）。主に召されたアモスは、平和と繁栄を享受していたイスラエルに対して厳しい神のさばきを語りました。そのメッセージは人々の反発を招き、祭司アマツヤは王の権威によってアモスにイスラエルからの退去を命じました（同12―13節）。この事件から考えると、彼の預言活動の期間はそう長くはなかったと思われますが、影響は甚だ大きなものでした。

一章1節

〈新改訳〉

テコアの牧者のひとりであったアモスのことば。これはユダの王ウジヤの時代、イスラエルの王、ヨアシュの子ヤロブアムの時代、地震の二年前に、イスラエルについて彼が見たものである。

〈新共同訳〉

テコアの牧者の一人であったアモスの言葉。それは、ユダの王ウジヤとイスラエルの王ヨアシュの子ヤロブアムの時代、あの地震の二年前に、イスラエルについて示されたものである。

〈岩波訳〉

テコアの牧羊者であったアモスの言葉。これはユダの王ウジヤ、イスラエルの王イェホアシュの子ヤロブアムの時代、かの地震の二年前に、イスラエルについて彼が〔幻のうちに〕見たもの。

〈フランシスコ会訳〉

テコアの牧者アモスの言葉。それは、ウジヤがユダの王、ヨアシュの子ヤロブアムがイスラエルの王であったとき、あの地震の起こる二年前に、イスラエルについて示されたものである。

アモス書の冒頭は「アモスのことば」（ディブレー・アーモース）で始まっており、イザヤ書やエレミヤ書と同じく、預言者の名前が明らかになっています。アモスは「牧者」であったと書かれています。七章14節でも、自分の職業は預言者ではなく農業であると言っています。

新改訳と新共同訳で「牧者のひとり」「牧者の一人」と訳されているのは、「牧者」を表す名詞の前に「べ」という前置詞がついているためです。この前置詞には広い意味がありますが、おもに「〜の中に」という意味で使われます。アモスは牧者仲間の中で働いていたのでしょう。そのアモスに「イスラエルについて」啓示が与えられます。新改訳と岩波訳は「見たもの」、新共同訳とフランシスコ会訳は「示されたもの」と訳しているのは動詞のハーザーです。これは単に目で見るということではなく、幻として見るという意味ですから、岩波訳は〔幻のうちに〕を付け加えています。

諸国に対するさばき

一章3節

〈新改訳〉

主はこう仰せられる。

「ダマスコの犯した三つのそむきの罪、

四つのそむきの罪のために、
わたしはその刑罰を取り消さない。
彼らが鉄の打穀機で
ギルアデを踏みにじったからだ。

〈新共同訳〉
主はこう言われる。
ダマスコの三つの罪、四つの罪のゆえに
わたしは決して赦さない。
彼らが鉄の打穀板を用い
ギレアドを踏みにじったからだ。

〈岩波訳〉
ヤハウェはこう言われた、
「ダマスコの三つの背きの罪、四つ〔の背きの罪〕のゆえに、
わたしは〔それを〕撤回しない。
鉄の脱穀板で、彼らが
ギルアドを踏みにじったことのゆえに」。

〈フランシスコ会訳〉

主はこう仰せになる、
「ダマスコの三つの罪、四つの罪のために、
わたしは撤回しない。
彼らは鉄の脱穀板で、ギレアドを踏みにじった」。

このフレーズは一章6、9、11、13節、二章4、6節にも繰り返されている定型句です。「三つのそむきの罪、四つのそむきの罪」は、数多くの罪過を暗示しています。周辺諸国とイスラエルの関係は行き着くところまで来ているのです。「わたしはその刑罰を取り消さない」の原文の動詞は「立ち帰る」(シューブ)のヒフィル形一人称に否定辞がついていますから、「わたしは帰らせない、元に戻さない」が直訳ですが、岩波訳とフランシスコ会訳では文脈から考えて、「撤回しない」としています。岩波訳の〔それを〕は、以下に宣言されている処罰を暗に指すと解釈しています。新改訳は「その刑罰を」を補足しており、「怒り」が背後にあることを示唆しています。新共同訳は新改訳と同じ意味合いにとれる訳になっています。

アモスの預言は、神がイスラエル以外の諸民族に対しても厳しい倫理的要求を課し、罪を罰するお方であることを示しています。イスラエルの民が決して見捨てられることはないのは、一見たいへん喜ばしいことですが、神が一つの罪も見逃されることはないというのは、イスラエルの民にとって心しておかなければならないことなのです。

二章13節

〈新改訳〉

見よ。束を満載した車が押さえつけるように、
わたしはあなたがたを押さえつける。

〈新共同訳〉

見よ、わたしは麦束を満載した車が
わだちで地を裂くように
お前たちの足もとの地を裂く。

〈岩波訳〉

見よ、わたしはあなたがたの足下を轟かす、
麦束を満載した、
車が轟音をたてるように。

〈フランシスコ会訳〉

それ故、わたしはお前たちの足元の地を裂く。
麦束を満載した車が地を裂くように。

この節は動詞の意味が不明で訳出しにくい箇所です。「圧する、押さえつける」という意味がありますが、文脈から「きしみ音を発する」という解釈もできます。岩波訳は地震を考えていま

す。アモス書では一章1節や六章11節に地震の記録があります。フランシスコ会訳は、車輪が荷物の重みで地を裂く表現と理解しています。また、「麦束を満載した車」が刈り入れ時を指し、神の審判の時でもあると理解し、13―16節はイスラエルに対する審判の中核であるとしています。

イスラエルに対するさばき

三章2節後半

〈新改訳〉
それゆえ、わたしはあなたがたのすべての咎を
あなたがたに報いる。
〈新共同訳〉
それゆえ、わたしはお前たちを
すべての罪のゆえに罰する。
〈岩波訳〉
それゆえわたしは、
あなたがたの罪を、あなたがたの上に報いる。
〈フランシスコ会訳〉

だから、わたしはそのすべての罪のために
お前たちを罰するのだ。

ここで「咎」「罪」と訳されているヘブル語は「アーオーン」です。旧約聖書で罪を表す三大用語の一つで、アモス書ではここだけに使われています。アーオーンは「曲げる」が原意で「咎」と訳されることが多く、悪の行為を問題としています。一章と二章ではたびたび「ペシャ」が使われていました（一3、6、9、11、13、二1、4、6）。ペシャは「そむき」の意味で、罪が神への反逆であることを最も強く表しています。旧約聖書で罪を表す三大用語のもう一つは「ハーター」です。ハーターはもともと「的（目標）、または道をはずす」意味で用いられました。それが聖であり義である神との関係においては、「罪」と訳されます。

四章3節

〈新改訳〉
あなたがたはみな、
城壁の破れ口からまっすぐ出て行き、
ハルモンは投げ出される。
――主の御告げ――

〈新共同訳〉

お前たちは次々に、城壁の破れから引き出され
ヘルモンの方へ投げ出されると
主は言われる。
〈岩波訳〉
「あなたがたはそれぞれ目の前の破れ口から出て行き、
ヘルモンの方へと〔身を〕投げ出す」。
——〔これは〕ヤハウェの御告げ——
〈フランシスコ会訳〉
お前たちは各々自分の目の前にある
城壁の裂け目から出ていき、
ヘルモンに追いやられる——主の言葉。
「ハルモン」はBHSでの読みです。新改訳はBHSの読みどおりに訳し、ハルモンを目的語ととらえています。新共同訳、岩波訳、フランシスコ会訳は「ヘルモン」と読み替えています。ヘルモンはアンチ・レバノン山脈の南端にある、最高峰二、八一五メートルの雪の山です。ガリラヤ湖から見晴らせる山麓で、アッシリアに向かう途中の一地点でした。そのため、「ヘルモンの方へ投げ出される」(新共同訳)と訳されているのでしょう。

四章13節

〈新改訳〉

見よ。山々を造り、風を造り出し、
人にその思いが何であるかを告げ、
暁と暗やみを造り、
地の高い所を歩まれる方、
その名は万軍の神、主。

〈新共同訳〉

見よ、神は山々を造り
風を創造し
その計画を人に告げ
暗闇を変えて曙とし
地の聖なる高台を踏み越えられる。
その御名は万軍の神なる主。

〈岩波訳〉

まことに見よ、
山々を形造り風を創造し、

人にその思いの何たるかを告げ知らせ、
曙〔と〕暗闇を造り、
大地の高き所を踏み行く方、
万軍の神ヤハウェがその名。

〈フランシスコ会訳〉

見よ、山々を形づくり、風を創造される方、
人々にご自分の計画が何であるかを告げられる方。
暗闇を暁に変え、地の高台を歩まれる方。
その名は万軍の神なる主。

創世記一章や詩篇八篇に記されている天地創造のわざを思い起こさせる節です。新共同訳は「神は山々を造り」としていますが、「神は」にあたる語は原文にはありません。12節の「神」（エロヒーム）を受けていると理解したのでしょう。

その神のお名前は、「万軍の神、主」（新改訳）、「万軍の神なる主」（新共同訳）、「万軍の神ヤハウェ」（岩波訳）、「万軍の神なる主」（フランシスコ会訳）としています。この四つの訳には微妙な違いがありますが、特に岩波訳は「ヤハウェ」という読みを使っています。「主」と訳されたり、「ヤハウェ」と訳されたりしているのは、ヨッド、ヘー、ワウ、ヘーという四つのヘブル語アルファベットの子音字が並んだものです。神聖四文字と呼ばれ、ユダヤ人は発音できないので、

便宜上「主人」を意味するアドーナーイと発音しますが、本当の読み方は不明です。多くの学者はヤハウェと読みます。出エジプト記六章では、神の名が「主（ヤハウェ）」であることが示唆されています（2、6、7、8節）。

五章23—24節

〈新改訳〉
あなたがたの歌の騒ぎを、わたしから遠ざけよ。
わたしはあなたがたの琴の音を聞きたくない。
公義を水のように、
正義をいつも水の流れる川のように、流れさせよ。

〈新共同訳〉
お前たちの騒がしい歌をわたしから遠ざけよ。
竪琴の音もわたしは聞かない。
正義を洪水のように
恵みの業を大河のように
尽きることなく流れさせよ。

五章には、まことの主を忘れて「正義を地に投げ捨てている」（7節）イスラエルを弾劾することばが続いています。主は、イスラエルの民が行う祭儀も、供えられるいけにえやささげ物も喜ばないと宣言されます（21―22節）。これらは通常、神が喜ばれることですから、神の怒りは頂点に達していることがわかります。

23―24節には二つの命令が並んでいます。一つは否定的な命令で、もう一つは積極的な命令です。「あなたがたの歌の騒ぎ」は、本来は主をたたえる礼拝の音楽です。心のこもっていない、ただ騒がしいだけの音楽を主は退けておられます。主が求めておられるのは「公義」（ミシュパート）であり、「正義」（ツェダカー）です。ミシュパートは「さばき、定め、公義、訴え」という意味で、新共同訳は「正義」と訳しています。ツェダカーは「正しさ、義、救い、正義」という意味ですが、「神の与えられる義」という大切な用法があります（ミカ六5）。新共同訳の「恵みの業」という訳は、神によって救われた者が、その喜びから正義を行うという面に焦点を当てているのかもしれません。

六章9―10節

〈新改訳〉

一つの家に十人残っても、その者たちも死ぬ。
親戚の者でこれを焼く者が
家から死体を持ち出すために、これを取り上げ、その家の奥にいる者に向かって言う。

「あなたのところに、まだいるか。」

彼は言う。「だれもいない。」

また言う。「口をつぐめ。主の名を口にするな。」

〈新共同訳〉

もし、一軒の家に男が十人残っているなら、彼らも死ぬ。親族と死体を焼く者が、彼らを家の中から運び出す。そのとき、一人が家の奥にいる者に、「まだ、あなたと共にいる者がいるのか」と尋ねると、「いない」と答え、「声を出すな、主の名を唱えるな」と言う。

〈岩波訳〉

たとえ一軒の家に十人が生き残っても、彼らは死ぬ。

〔故人の〕親族と遺体を焼く者が担いで家から〔遺〕骨を運び出し、
家の奥にいるものに向かって「まだお前のところに〔誰か〕いるか」と問う。

すると彼は「いない」と答え、「しっ、ヤハウェの名を口にするな」と言う。

〈フランシスコ会訳〉

一つの家に十人残っても、彼らも死ぬ。

その親族が彼らの遺体を
家から担いで運び出そうとしながら、

家の奥にいる者に言う、
「まだお前と一緒に誰かいるか」。
「いない」と彼は答え、さらに、
「声を出すな。主の名を呼ぶな」と言う。

10節は難解な節です。新改訳、新共同訳、岩波訳は三つ目のヘブル語を、「焼く」を意味する別の動詞に読み替えて、死体が火葬されるとしています。旧約聖書では火葬は異例なことで、犯罪人に適用されています（創世三八24、レビ二〇14、二一9）。神の審判が厳しい様相をもつと理解しています。

新改訳と新共同訳では「死体」、フランシスコ会訳では「遺体」と訳されている語を、岩波訳は「〈遺〉骨」としています。このヘブル語「エツェム」は「からだそのもの」とも「骨」ともとれる語です。岩波訳は、火葬して骨になってしまったことを表現しています。

このような厳しい主のさばきの後にヤハウェの名を口にすることがないように、「口をつぐめ」（新改訳）、「声を出すな」（新共同訳）と警告します。岩波訳は、「ハース」という原語の響きを生かして訳しています。

イスラエルの回復

「アモスはアマツヤに答えて言った。『私は預言者ではなかった。預言者の仲間でもなかった。私は牧者であり、いちじく桑の木を栽培していた』」（七14）。「預言者の仲間」は、文字どおりには「預言者の子」です。これは預言者を職業としている人に使われる語です。「預言者の弟子」と理解することもできます。彼らは共同生活をして、一人の師を中心に預言活動を行いました。「牧者」は「家畜の世話をする者」の意味です（15節参照）。「いちじく桑の木」は、高さ一〇メートル以上になる高い木で、よく生長しました。アモスは預言者集団に所属していたのではなく、いちじく桑の木を世話する農夫であったことを、ここではっきりと宣言しています。

八章1―2節

〈新改訳〉

神である主は、私にこのように示された。そこに一かごの夏のくだものがあった。主は仰せられた。「アモス。何を見ているのか。」　私が、「一かごの夏のくだものです」と言うと、主は私に仰せられた。

「わたしの民イスラエルに、終わりが来た。

わたしはもう二度と彼らを見過ごさない。」

〈新共同訳〉

主なる神はこのようにわたしに示された。見よ、一籠の夏の果物（カイツ）があった。主は言われた。「アモスよ、何が見えるか。」わたしは答えた。「一籠の夏の果物です。」主はわたしに言われた。

「わが民イスラエルに最後（ケーツ）が来た。

もはや、見過ごしにすることはできない。」

〈岩波訳〉

主〔なる〕ヤハウェはこのように私に示された。見よ、夏の果物の籠があった。

彼は言われた、「アモスよ、何が見える」。

私は言った、「夏の果物の籠です」。

ヤハウェは私に言われた、

「わが民イスラエルに終りが来た。

わたしは二度と彼を見過ごしにすることはしない」。

〈フランシスコ会訳〉

主なる神はこのようにわたしに示された。見よ、夏の果物の入った籠があった。主は仰せ

になった、「アモスよ、何が見えるか」。わたしが、「夏の果物の入った籠です」と答えると、主はわたしに仰せになった、

「わたしの民イスラエルの終わりが来た。
わたしはもうこれ以上
イスラエルを見過ごすことはない」。

「くだもの」はカーイツで、「終わり」を意味するケーツを連想させる語呂合わせになっています。この意味と響きを兼ね備えた日本語に置き換えることは難しいので、新共同訳は「果物（カイツ）」、「最後（ケーツ）」と読みを入れています。原語の響きがこの節にとって重要だからです。

通常は、夏のくだものから終わりの時を連想することはありません。熟した果実が神のさばきを示しているという、特に印象的な場面です。

オバデヤ書

オバデヤ書の主題は、エドムに対するさばきとシオンの回復です。聖書はエドムをエサウの子孫として描いています（創世三六章）。そこでまず、聖書の伝えるエサウの説話を見ておきたいと思います。

エサウのこと

エドムの先祖であるエサウと、イスラエルの先祖となるヤコブは、生まれる前から母の胎内で押し合い、争いました。母リベカは神に対し、このように訴えます。「こんなことでは、いったいどうなるのでしょう」（創世二五22）。主なる神はリベカにこう答えられました。「二つの国があなたの胎内にあり、二つの国民があなたから分かれ出る。一つの国民は他の国民より強く、兄が弟に仕える」（同23節）。兄エサウは先に母の胎を出ますが、弟ヤコブは兄のかかとをつかんで生まれてきました。

やがてヤコブは、父イサクと兄エサウを欺いて長子の権利を奪い、父の祝福を受けます。エサウはこう語ります。「彼の名がヤコブというのも、このためか。二度までも私を押しのけてしまって。私の長子の権利を奪い取り、今また、私の祝福を奪い取ってしまった」（同二七36）。

兄エサウが弟を殺害しようと思っていることを知った母リベカは、ヤコブを自分の兄ラバンのところに行かせます。ヤコブはエサウから長子の権利を奪いましたが、生涯エサウを恐れて生きていかねばなりませんでした。エサウとヤコブは互いに兄弟であることを忘れることはできませんでしたが、いっしょに暮らすこともできなかったのです。

エドムとイスラエル

エサウの子孫であるエドム人が住んでいたのは、「セイルの地、エドムの野」（同三二3、三六20―21、民数二四18）と呼ばれる場所で、死海の南と東にあるワディ・ゼレデからアカバ湾までの間に位置する長さ一六〇キロ、幅三〇キロの丘陵地帯です。ここは自然の要害の地でした。その東側は岩がむき出しになった山地で、高さが一、〇〇〇メートルを超える所もあります。初め首都をボズラに置きましたが、後にセラに移しました。そこはギリシャ語でペトラと呼ばれ、現在でもペトラは観光の名所になっています。

これに対して、ヤコブの子孫であるイスラエル民族はエドムと境を接し、西北の地、カナンに定着しました。時代によって領域が変化しますが、だいたいにおいて、北はハマテの入口から南はベエル・シェバ、西は地中海に面し、東はヨルダンを超えて砂漠地帯にまで広がっていました。エドムとイスラエルの間には常に有効的ではありませんが、継続的な関係がありました。両者には常に特別な親近感が常に意識され、申命記には次のような言葉があります。

「あなたがたは、セイルに住んでいるエサウの子孫、あなたがたの同族の領土内を通ろうとしている。彼らはあなたがたを恐れるであろう。あなたがたは、十分に注意せよ。彼らに争いをしかけてはならない。わたしは彼らの地を、足の裏で踏むほども、あなたがたには与えない。わたしはエサウにセイル山を彼の所有地として与えたからである」（二4―5）。

「エドム人を忌みきらってはならない。あなたの親類だからである」（二三7）。

二つの民族の関係では、イスラエルが圧迫者の立場に立っていたように思われます。ダビデは近隣諸国を征服しましたが、エドムも例外ではありませんでした（Ⅱサムエル八3）。ソロモンは、エドムの南端エツヨン・ゲベルに海外貿易の中心を設けました（Ⅰ列王九26）。しかし、イスラエルの力が衰えると、エドムはイスラエルの周囲の国々と同盟してイスラエルを圧迫しました（Ⅰ列王一一14―22、Ⅱ歴代二〇1―2）。前八世紀の預言者イザヤは、モアブの高ぶりと滅びを預言しつつ、最終的にダビデの正義と公正の回復を預言しました（イザヤ一五―一六章）。

エドム滅亡の預言とその理由

エドムの高慢と滅亡の預言（1―14節）

2節の「ひどくさげすまれる者とする」の動詞には、預言的な完了形が用いられています。未来の出来事を絶対確実に起こるものとして、すでに完了した事実として言い表しているわけです。エドムはうぬぼれているがために、諸国民に卑しめられ、高慢と思い上がりのゆえに、侮蔑の対象とされます。オバデヤ書の中心思想がここに示されています。エドムの高慢の根拠は、その要害にあり、財力、同盟、英知も高慢を一層ひどいものにしました。

「岩の裂け目に住み、高い所を住まいとし」（3節）が、エドムの地形をよく表しています。エドムの地は岩石地帯が多いので、高台の岩山に居住地を設けることに安心感をもったのでしょう。エドム人は高慢の座を「心」に設け、「だれが私を地に引きずり降ろせようか」と言います。3節に二度用いられている「心」（レーブ）は、旧約聖書の人間論で最も大事な用語であり、心臓、感情、願望、理性、意志の決断という広い意味をもったことばです。

4節、「鷲のように高く上っても、星の間に巣を作っても」の「鷲」は最も大きい鳥で、舞い上がる能力が高い鳥として知られています。「星」は、被造物の中で最も高い部分にあります。

この比喩は、エドム人の地の利を得たことによる高慢さと、その慢心が増大していく様を描いています。神はこのようなうぬぼれの絶頂から奈落の底へと引き落とすと宣言しておられます。

5節には、盗賊に家を荒らされるたとえと、果実の収穫についてのたとえが記されています。

「盗人があなたのところに来れば、
夜、荒らす者が来れば、
あなたは荒らされ、
彼らは気のすむまで盗まないだろうか。
ぶどうを収穫する者が
あなたのところに来るなら、
彼らは取り残しの実を残さないだろうか。」

「気のすむまで」（ダイ）は「十分に、必要なだけ」の意味で、「必要以外は残す」とも理解されます。「取り残しの実を残す」は、レビ記一九章10節や申命記二四章21節にあるように、弱者救済の方法として理解することができます。強盗でもすべて持って行くことはなく、収穫もいくらかの実を残すのに、エドムはすべてを奪われてしまうのです。こうして高慢なエドムは没落し、略奪された土地への嘆きのみが残るのです。

5節で、神はエドムに向かって語っておられましたが、6節になると、エドムは「捜し出され」、隠しておいた「宝」は見つけだされて、徹底的に略奪されてしまうとあります。

7節

〈新改訳〉

あなたの同盟者がみな、あなたを欺き、
あなたを国境まで送り返し、
あなたの親しい友があなたを征服し、
あなたのパンを食べていた者が、
あなたの足の下にわなをしかける。
それでも彼はそれを悟らない。

〈新共同訳〉

お前と同盟していたすべてのものが
お前を国境まで追いやる。
お前の盟友がお前を欺き、征服する。
お前のパンを食べていた者が
お前の足もとに罠を仕掛ける。
それでも、お前は悟らない。

〈岩波訳〉

あなたの同盟者たちは皆、
あなたを国境まで追い詰め、
あなたの盟友たちは〔そろって〕
あなたを欺き、あなたを征服する。
あなたのパンを〔食べていた者たちは皆〕、
あなたの足下に罠を仕掛ける。
本人はそれに気づかずにいる。

〈フランシスコ会訳〉
お前の同盟者がお前を国境まで追いやり、
親しかった友がみな、お前を欺いて打ち負かし、
ともに食事をした者がお前の足もとに罠を仕掛ける。
それでも、悟ることはない。

「同盟者」がエドムを国境まで追い払ったとは、おそらく前六世紀のアラブの襲撃を指します。「あなたのパンを食べていた者が、あなたの足の下にわなをしかける」は、詩篇四一篇9節（「私が信頼し、私のパンを食べた親しい友までが、私にそむいて、かかとを上げた」）と並行しているのではないかと言われています。オバデヤ書には「食べていた者が」という補いはありません。四つの翻訳を比較してみると、岩波訳だけが、〔食べていた者が皆〕をカッコに入れています。「それ

でも彼はそれを悟らない」は、原文では「彼には理解力がない、英知がない」という意味で、8節に同じ語が用いられています。

8節の「主の御告げ」（ネウム・ヤハウェ）は、預言の導入あるいは結びのことばとして圧倒的に高い比率で使われる表現です。ここでは、4節と同じ表現を繰り返すことで、これに先立つ託宣と結びつけています。「その日」は、「主の日」（15節参照）か、神がエドムをおさばきになる特別な日のことです（イザヤ七18、20、一〇20参照）。

9節にある「テマン」はエサウの孫テマンから出たエドムの部族、またその所領を指します（創世三六11）。エドム領南部に位置し、死海の南八〇キロメートルにあるナバテアの首都ペトラの東の地域を指すと思われます。ボツラと並ぶエドムの城砦都市で、特に肥沃な地域を支配していました（エレミヤ四九7、20、アモス一12、ハバクク三3）。エドムの没落により、人々は支柱を失い、兵士たちは倒れます。

10節では、兄弟ヤコブに対する罪過をあげています。兄弟に対する責任は神に対する責任につながっていることがここで明らかになります。助け合わなくてはならない関係であるにもかかわらず、エドムは、かえってイスラエルに暴虐を行ったのでした。

11節には、具体的な事例が挙げられます。紀元前五八七年のエルサレム陥落の際、エドム人はユダヤの不幸を「知らぬ顔で立って」見ていました。それだけでなく、戦利品を「くじ引きにして」分配にあずかりました。助けるどころか、眺めていただけのエドムに対する神の怒りがここに示されています。エドムへの非難は次第に迫力を増していきます。

12節から14節にはエドムに対する一連の禁止令が並べられています。12節には「兄弟の日」「災難の日」「滅びの日」「苦難の日」と、四つの「日」（ヨーム）が繰り返され、イスラエルの苦難を重く受けとめなければならなかったのだ、と語っています。

13節では、「わざわいの日」（ベヨーム・エーダーム）が三回も繰り返されています。「わざわい」（エーダーム）とエドムという名前には語呂合わせの可能性があります。「わざわいの日にエドムは門から入るな」という禁止は、11節で敵が門を入ったと言われていることを踏まえています。エドムは実質的に敵だとみなされているのです。

14節では、エドムがイスラエルの生き残った者を引き渡したという、卑劣な行為について追及されています。「別れ道」はユダからエドムに入る谷間で、エドムに避難しようとするエルサレムの住民は、そこで捕らえられ、敵に引き渡され、あるいは殺されました。

主の日の預言（**15―21節**）

エドムの滅亡は、エルサレム陥落の日に行った暴虐の報いでした。本人が行ったことの結果が、自分に返ってくるという例です。エドムは目前に迫っている主の日に、自分が行った暴虐の償いをさせられます（15節）。

「主の日」とは神がさばきをなされる日です。「その日は激しい怒りの日、苦難と苦悩の日、荒廃と滅亡の日、やみと暗黒の日、雲と暗やみの日」（ゼパニヤ一15）です。神の御前における反逆がさばかれるのは、イスラエルも同じです（ヨエル一15、アモス五18以下）。しかし、その日はイスラエルにとって救いの日であり、「主は高らかに歌って」イスラエルのことを喜ばれます（ゼパニヤ三17）。

16節に、神の怒りを受けることを「飲む」と表現しています。「さめよ。さめよ。立ち上がれ。エルサレム。あなたは、主の手から、憤りの杯を飲み、よろめかす大杯を飲み干した」（イザヤ五一17）。「まことにイスラエルの神、主は、私にこう仰せられた。『この憤りのぶどう酒の杯をわたしの手から取り、わたしがあなたを遣わすすべての国々に、これを飲ませよ』」（エレミヤ二五15）。国々は神のさばきを飲み、「今までになかった者」のように、つまり完全に破壊されてしまいます。

17節を見ると、シオンの山に対する救いの約束がイザヤ以来続いていることがわかります（イザヤ七1以下、二八16）。この約束は新約聖書においても引用され（ローマ九33、Iペテロ二6）、人は信仰によって救われ、その救いの希望の礎はイエスにあることを弁明しています。オバデヤにとってシオンの山の救いは現実に土地財産を含むものでした。

18節では、「ヤコブの家」「ヨセフの家」が、2―15節では敵であった「エドムの家」と並べられています。ヤコブとヨセフはイスラエルの十二部族を表しており、火と炎になって、刈り株の「エサウの家」つまりエドムに火をつけます。エドムは完全にさばかれ、「燃えつき」ます。イスラエルは、アッシリアとバビロニアによって捕囚となりましたが、苦難の中でもいくらかの民が生き残り、再び立ち上がりました。しかしエドムには「生き残る者がいなくなる」と、厳しいことばが与えられています（ヨシュア八22、エレミヤ四二17、四四14、哀歌二22参照）。

19―20節では、土地の占領と配分がテーマになっています。ペリシテはイスラエル国家ができる前からイスラエルと敵対し、エドムと同盟しました。「エフライムの平野」の中心都市はサマリアでした。「ギルアデ」はヨルダン川東の全地で、ベニヤミンはギルアデまで領地を拡大しました。「この塁の捕囚の民」は文意が不明確です。岩波訳は「捕囚となったこの城塞の民」と訳しています。「ツァレファテ」は、ツロとシドンの間にあるフェニキア人の町です（I列王一七8―24）。「セファラデ」については、小アジアの都市であるとする説もありますが、不明です。

最後の21節で、オバデヤ預言の主要テーマに戻ります。シオンの救われた者たちがエドムを支配することが約束されます。しかし、最後に、神が王として支配されることが宣言されます。国家間の連合や対立を最終的に治めるのは主の御手にあります。実際に支配しておられるのは主なる神です（詩篇二二28、四七7―9、イザヤ五二7）。そして旧約聖書から新約聖書に受け継がれ、神の国の思想につながっています。

「この世の国は私たちの主およびそのキリストのものとなった。主は永遠に支配される」（黙示録一一15）。

ヨナ書

神の使命からの逃避

ヨナが宣教したニネベは、アッシリア帝国の首都でした。ニネベは、フランスのP・E・ボタが一八四二年にクエンジクの発掘を始めてから、最後の発掘、一九二七年から一九三二年までに余すところなく発掘されるまで九十年かかりました。地表面から二七・五メートルまで掘り下げ、紀元前約五〇〇〇年まで到達しました。ニネベはティグリス川の左岸の廃墟の上に二つのテル、北東にクエンジク、南東にネビ・ユヌスがあり、徹底的に発掘されたのは、クエンジクだけです。クエンジクは南北一キロ、東西六〇〇メートルほどあり、北にはアッシュール・バニパルの宮殿、南にはセナケリブの宮殿がありました。

「ヨナは、主のことばのとおりに、立ってニネベに行った。ニネベは、行き巡るのに三日かかるほどの非常に大きな町であった」(三3)とありますが、これはクエンジクだけでなく、ネビ・ユヌスをも含めた広いニネベの町全体を指していたと思われます。また、「ヨナはその町に入って、まず一日目の道のりを歩き回って叫び、『もう四十日すると、ニネベは滅びほされる』と言った」（同4節）とありますが、これはただ歩いたのではなく、街角で立ち止まり、説教したり、人々と話したりしながら、一日が経ったという意味でしょう。当時のニネベの人口は一二万と言われていますから、それだけの人に、さばきのメッセージを伝えるには、大変なことだったと思います。

一章1節

〈新改訳〉

アミタイの子ヨナに次のような主のことばがあった。

〈新共同訳〉

主の言葉がアミタイの子ヨナに臨んだ。

〈岩波訳〉

ヤハウェの言葉がアミッタイの子、ヨナに臨んで言った、

〈フランシスコ会訳〉

主の言葉が、アミタイの子ヨナに臨んで仰せになった、

新共同訳、岩波訳、フランシスコ会訳では「……が臨んだ」と訳されています。「ワイェヒー」は、物語や話の始まりを知らせる特殊なことばで、ヨナ書の冒頭に登場します。ヨシュア記

や士師記、サムエル記第二、ルツ記、エステル記の最初にも用いられますが、預言書では珍しいことです。ヨナ書は他の預言書の形式と異なり、一人の預言者について語られていますが、この冒頭の語が、ヨナ書が他の預言書と違った物語形式であることを印象づけています。

2節

〈新改訳〉

彼らの悪がわたしの前に上って来たからだ。

〈新共同訳〉

彼らの悪はわたしの前に届いている。

〈岩波訳〉

彼らの悪がわたしの前に届いていると告げよ。

〈フランシスコ会訳〉

彼らの悪がわたしにまで達したからだ。

新改訳の「上って来た」は直訳に近いことばです。新共同訳と岩波訳は「届いている」、フランシスコ会訳は「達した」となっています。この箇所が、創世記一八章20―21節にあるソドムとゴモラの罪を想起させるとする学者がいます。繁栄の都市にあふれる悪は天にまで届いた、とその罪の悲惨さが表現されます。

3節
〈新改訳〉

主の御顔を避けてタルシシュへのがれようとし、……主の御顔を避けて、みなといっしょにタルシシュへ行こうとした。

〈新共同訳〉

主から逃れようとして出発し……人々に紛れ込んで主から逃れようと、タルシシュに向かった。

〈岩波訳〉

ヤハウェの前からタルシシュに逃れるため……ヤハウェの前から〔逃げて〕彼らと一緒にタルシシュに行くために〔海路を〕下って行った。

〈フランシスコ会訳〉

主の前からタルシシュに逃れようと……主の前から逃れて、人々と一緒にタルシシュに向かった。

「主の御顔を避けて」（新改訳）は直訳では「主の御前から」です。「前、面、顔」という意味のヘブル語の「パーニーム」がここに使われています。「主の御前」、「主の御顔」は、民数記六章24―26節に記されているアロンの祝福に用いられている重要なことばです。三節の最初と最後には、同じフレーズが繰り返されており、ヨナが主の呼びかけに従わなかったことが強調されます。しかし、ヨナは9節で主の前から逃れることはできないと告白しており、詩篇一三九篇7―10節にある信仰者の告白を想起させます。

ヨナが乗り込んだタルシシュ行きの船は、暴風雨に遭い、難破しそうになります。水夫たちは自分の神に向かって祈ったとありますから、様々な国の出身者だったことでしょう。ヨナは船底で眠り込んでいます。そのヨナに、船長がこう語ります。「いったいどうしたことか。寝込んだりして。起きて、あなたの神にお願いしなさい。あるいは、神が私たちに心を留めてくださって、私たちは滅びないですむかもしれない」(6節)と。

船長はヨナに祈るように促しました。異邦人である船長がヨナに向かい、一大事にあたって、まずするべきことは「祈り」であると言っています。「起きて、あなたの神にお願いしなさい」は、原文では「起きなさい。呼びなさい」ということばで、「クーム、ケラー」と命令法を繰り返しています。まるでヨナをからかうような響きです。水夫たちが必死で祈っているときに、ひとり泰然自若と構えて眠っているヨナを見て、船長には試すような気持ちがあったのかもしれません。

ヨナはなぜ、眠ることができたのでしょうか。主の御前から逃れようとしていたヨナが、自ら主に信頼する気持ちをもっていたとは考えにくいでしょう。信仰者は主の御顔を避けて、逃れようとしている時でも、主の憐れみによってその御手の中に置かれているのです。

一章10節

〈新改訳〉

人々は、彼が主の御顔を避けてのがれようとしていることを知っていた。ヨナが先に、これを彼らに告げていたからである。

〈新共同訳〉

人々はヨナが、主の前から逃げて来たことを知った。彼が白状したからである。

〈岩波訳〉

彼がヤハウェの前から逃げて来たことを、人々が知ったからである。事実、彼は彼らに〔真実を〕明かしたのである。

〈フランシスコ会訳〉

さらにヨナは、自分が主から逃げてきたことも彼らに語った。

難破しそうになっている原因はヨナにあることが、くじでわかります。旧約聖書ではしばしばくじによって神のみこころを求めました（ヨシュア七16―21、Ⅰサムエル一〇20―24）。このときヨナは、自分がヘブル人であり、天地創造の神を信じて恐れていると告白します。それだけでなく、その神から逃れようとしてこの船に乗ったことも正直に話します。

新改訳だけが、先にヨナが話していたと訳しますが、時間的な順序にとらわれる必要はないでしょう。ヨナが自ら正直に話したことが大事です。4―6節で見たように、ヨナは主の命令に背き、逃げようとしているにもかかわらず、信仰告白し、自分の罪を認めます。

困り果てている水夫たちに向かってヨナは、自分を海に投げ込めば助かると言いますが、水夫たちはヨナの命を犠牲にすることをためらい、陸に戻ろうとします。しかし、ますます海が荒れたため、祈りをささげた後にヨナを海に投げ込みます。この時、水夫たちは主なる神に向かって、憐れみを求め、主のみこころに対する信頼を言い表しました。「主よ。あなたはみこころにかなったことをなさるからです」（14節）と。彼らは、ヨナの信じている神に向かって「主よ」と呼びかけています。

水夫たちがヨナの言ったとおりにすると、海は静まりました。ヨナの不従順にもかかわらず、水夫たちはヨナの神を自分たちの神として認めました。海が荒れて死ぬのではないかという恐れ、ヨナをいけにえにすることで自分たちに報いが来るのではないかという恐れ、そして自然を司る神に対する恐れ、彼らは様々な恐れを経験します。それは9節にあるヨナの信仰告白から始まりました。まことの神を恐れる人は、その恐れる心によって人々に伝道するのです。

「主は大きな魚を備えて、ヨナをのみこませた。ヨナは三日三晩、魚の腹の中にいた」（17節）。

この節はBHSでは二章1節ですが、新改訳は一章17節としています。「備えて」と訳されているのはヘブル語「マーナー」のピエル形で、もともと「数える」「任じる」の意味をもちます。

「三日三晩」は「三つの日、三つの夜」です。ここは奇蹟が起きたと考えるのが自然でしょう。もし奇蹟であることを否定するならば、実際に人間が魚の腹に三日間、生存できるのかどうかを証明するか、この節の本文を大幅に操作して読む必要があります。どちらもきわめて難しいことです。

悔い改めの祈り

二章は、魚の中でヨナがささげた祈りです。そのことばは、詩篇とつながりのあるものが多く、詩篇三〇篇とは構造も似ています。たとえば、2節は詩篇の以下の箇所と似ています。

「私が苦しみの中から主にお願いすると、
主は答えてくださいました。
私がよみの腹の中から叫ぶと、
あなたは私の声を聞いてくださいました。」
「私は苦しみの中に主を呼び求め。
助けを求めてわが神に叫んだ。
主はその宮で私の声を聞かれ、

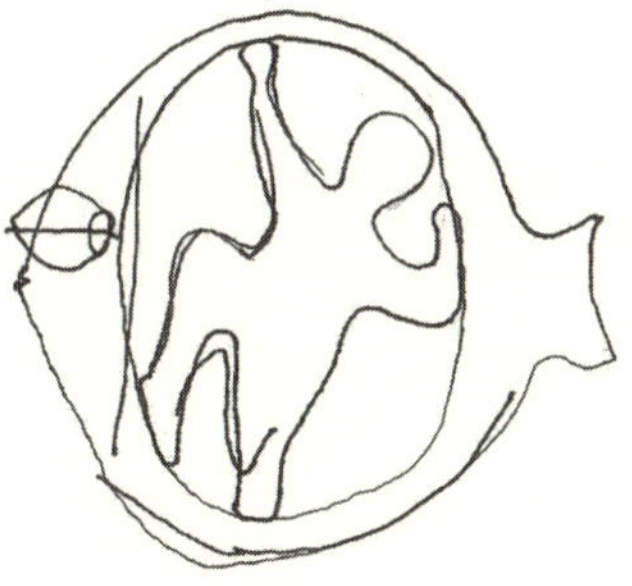

御前に助けを求めた私の叫びは、御耳に届いた。」（詩篇一八6）

「私の神、主よ。
私があなたに叫び求めると、
あなたは私を、いやされました。」（詩篇三〇2）

このほか、詩篇五〇篇15節、一一八篇5節、一二〇篇1節などです。

6節の後半は三〇篇3節と共通します。

「しかし、私の神、主よ。
あなたは私のいのちを
穴から引き上げてくださいました。」

「主よ。あなたは私のたましいをよみから引き上げ、
私が穴に下っていかないように、
私を生かしておかれました。」（詩篇三〇3）

詩篇二八篇1節、一四三篇7節にも同様の表現があります。これらの箇所とその前後の内容を味わうことで、ヨナの祈りの背後にある気持ちが読み取れるのです。

7―8節は、聖書によって翻訳に違いが出ているところです。

〈新改訳〉
私のたましいが私のうちに衰え果てたとき、

私は主を思い出しました。
私の祈りはあなたに、
あなたの聖なる宮に届きました。／
むなしい偶像に心を留める者は、
自分への恵みを捨てます。

〈新共同訳〉（8―9節）

息絶えようとするとき
　わたしは主の御名を唱えた。
わたしの祈りがあなたに届き
聖なる神殿に達した。
偽りの神々に従う者たちが
　忠節を捨て去ろうとも

〈岩波訳〉（8―9節）

わが息が私から絶えそうになった時、
私はヤハウェを思い起こした。
私の祈りはあなたのもとに、
あなたの聖なる宮に届いた。

虚しいものを崇敬する者たちは、
自分たちの真実の愛を捨てる。
〈フランシスコ会訳〉（8―9節）
わたしが息も絶え絶えに、主に祈ると、
わたしの祈りはあなたのもとに届き、
あなたの聖なる神殿に至りました。
むなしい偶像を崇拝する者たちは、
自分たちの忠誠を捨てたのです。

新改訳は7節と8節の間に一行空けますが、BHSでは3節から10節（新改訳の2―9節）を一つのまとまった区切りとしています。フランシスコ会訳が「主に祈ると」と訳していますが、直訳では「主を思い出した」です。ヘブル語の「思い出す」には、単なる過去の出来事を想起するだけでなく、危機に遭って神の名を呼び求め、神をひたすら追い求めるという意味があるからというのが、そう翻訳した理由です。

8節に出てくる「ヘセド」は旧約聖書で重要な語句です。新改訳は「自分への恵み」と訳し、神ご自身の慈しみと愛であると理解します。新共同訳は「忠節」、岩波訳は「自分たちの真実の愛」、フランシスコ会訳は「自分たちの忠誠」と訳し、主に対する忠誠としています。

ニネべへの宣教

三章は、神から逃亡しようとしていたヨナに、神が二回目の語りかけをするところから始まります。一章2節にある、「立って、あの大きな町ニネべに行き」というフレーズが繰り返されます。ヨナは今度は「主のことばのとおりに」ニネべに行きました（3節）。ニネべはイスラエルから約八〇〇キロメートルあり、約一か月の道のりです。ようやくニネべに到着したヨナは、宣教活動の初日に次のような行動をとります。

「ヨナはその町に入って、まず一日目の道のりを歩き回って叫び、『もう四十日すると、ニネべは滅ぼされる』と言った」（4節）。

ヨナが叫んだことば、「もう四十日すると、ニネべは滅ぼされる」は原文では五つの語からなっています。「オード・アルバーイーム・ヨーム・ウェニーネベー・ネフパーケト」です。「アルバーイーム」は四を表す「アルバー」の複数形です。四十は旧約聖書中、特別な意味をもちます（創世七4、出エジプト二四18、民数一四33など）。「ヨーム」は「日」と訳されることの多いことばですが、先述のように、いま私たちが使っている二十四時間の「日」と同じではありません。神が天地を創造されたときに、この「ヨーム」が使われています（創世一5など）。ここでヨナが語る四十日は神さまの定められた期間であり、その時期が来ると必ず主の御心がなされることを表しています。

「ネフパーケト」の元のことばは、ソドムとゴモラの破滅を表すのにも用いられています（創世一九25）。この動詞には「ひっくり返す」という意味があります。これは「方向転換」にも通じます。岩波訳はネフパーケトを「ひっくり返される」と訳しています。これは直訳に近く、おもしろい訳です。ニネベの町がひっくり返されるとは、建物が破壊され、多くの人が亡くなるという災害を連想させますが、人々が方向転換、つまり、罪を捨てて神を信じることも指しています。ニネベの人々は、このヨナのことばを聞いて「神を信じ」ました（ヨナ三5）。そして神は、「彼らが悪の道から立ち返るために努力していることをご覧に」なり、思い直されたのです（10節）。

ヨナの不満と神の答え

四章で、ヨナに対して、主は同じ問いを二回投げかけておられます。一度目は、ニネベの町が悔い改めたことについて怒っているヨナに、二度目は、暑さをしのいでいたとうごまが枯れたことを嘆いているヨナに対してです。

「主は仰せられた。『あなたは当然のことのように怒るのか』」（4節）。

9節は四つの訳を記しておきましょう。

〈新改訳〉

すると、神はヨナに仰せられた。「このとうごまのために、あなたは当然のことのように怒るのか。」

〈新共同訳〉

神はヨナに言われた。

「お前はとうごまの木のことで怒るが、それは正しいことか。」

〈岩波訳〉

すると神はヨナに言った、

「唐ごまのことであなたが怒りに燃えるのは正しいことなのか」。

〈フランシスコ会訳〉

神はヨナに仰せになった、「唐胡麻のことで、お前が怒るのはふさわしいことだろうか」。

この二つの節でヨナの怒りを表す語として使われているのは、同じ動詞「ハーラー」です。岩波訳のように「怒りに燃える」という意味もあります。自分で育てたわけでもないとうごまの木を惜しんですぐにカッとなるヨナとは対照的に、主は「怒るのにおそい」とヨナは告白しています(2節)。「おそい」は「アーレーク」という形容詞で、「怒り」(アパイム)と組み合わさって、新共同訳は「忍耐深く」、岩波訳とフランシスコ会訳は「怒るに遅く」と訳しています。

ヨナ書は「まして、わたしは、この大きな町ニネベを惜しまないでいられようか。そこには、右も左もわきまえない十二万以上の人間と、数多くの家畜とがいるではないか」という主のことばで締めくくられています。その後、ヨナが忍耐深くなったのか、主の命令に従順になったのかはわかりません。主は「情け深くあわれみ深い神であり、怒るのにおそく、恵み豊かであり、わざわいを思い直されることを知っていた」（2節）というヨナのことばを裏づけるような主のことばが余韻を残しています。

ミカ書

預言者ミカはイザヤ、ホセアと同時代の若手預言者として、社会的正義と神の愛を語りました。紀元八世紀に書かれたとされるミカ書は、ユダ王国の滅亡、エルサレムの崩壊、イスラエルの捕囚という悲劇を預言しています。しかし、神のあわれみ深い契約によって回復の希望も語られます。

イスラエルとユダに対するさばき

一章5節

〈新改訳〉

これはみな、ヤコブのそむきの罪のため、
イスラエルの家の罪のためだ。
ヤコブのそむきの罪は何か。

サマリヤではないか。
ユダの高き所は何か。
エルサレムではないか。

〈フランシスコ会訳〉

これは、すべてヤコブの謀反のため、
イスラエルの家の罪のためだ。
ヤコブの謀反とは何か、
サマリアではないか。
ユダの高台とは何か、
エルサレムではないか。

「ユダの高き所」。七十人訳は「高き所」を「罪」と読み替えて「ハマルティア」と訳していま す。フランシスコ会訳「謀反」の第一義的意味は政治的反乱で、ソロモン死後のヤロブアムの「謀反」にさかのぼると考えています。その「謀反」の内容は、一つは北イスラエルの政治的独立であり、もう一つは主の都エルサレムに対抗する礼拝の場の確立でした（I列王一一26―39、一二19）。そのため、「高き所」をわかりやすく「罪」と読み替える必要はありません。エルサレムにおいても、サマリアにおいても、真の礼拝がささげられていなかった、そこに主の怒りが向けられています。

二章8節

〈新改訳〉

以前から、わたしの民は
敵として立ち上がっている。
しかし、あなたがたは、
戦いをやめて安らかに過ごしている者たちの
みごとな上着をはぎ取る。

〈新共同訳〉

昨日までわが民であった者が
敵となって立ち上がる。
平和な者から彼らは衣服をはぎ取る
戦いを避け、安らかに過ぎ行こうとする者から。

〈岩波訳〉

あなたがたはわが民に向かって
敵として立ち上がり、
あなたがたは、上着と

外套を〔一緒に〕前から剝ぎ取る、
戦いから帰還し
安らかに進み行く者たちから。
〈フランシスコ会訳〉
お前たちは、わたしの民に対して
敵として立ち上がった。
お前たちは温和な人からマントをはぎ取る、
戦いをやめて安らかに過ごしている人々から。

この節は本文が壊れていて、翻訳が難しい箇所です。新共同訳の「昨日まで」は七十人訳を参考にしていると思われます。岩波訳の「あなたがたはわが民に向かって」、フランシスコ会訳の「お前たちは、わたしの民に対して」はBHSの読み替えの提案に従っています。新共同訳の「平和な者から」、フランシスコ会訳の「温和な人から」も、読み替えの提案によるものです。原文では「上着」「外套」が二つ並んでいます。文字どおり理解するならば、強引に剝ぎ取る行為が目に浮かびます。新改訳は、男性の威厳の象徴であった上着を想定して、「みごとな上着」と訳しています。

いずれにしても、イスラエルの支配者たちが、戦闘を終えて平和に暮らしている人々から財産を奪い、生活を破壊する行為を強く批判する内容となっています。

ベツレヘム・エフラテ

五章2節

〈新改訳〉

ベツレヘム・エフラテよ。
あなたはユダの氏族の中で最も小さいものだが、
あなたのうちから、わたしのために、
イスラエルの支配者になる者が出る。
その出ることは、昔から、
永遠の昔からの定めである。

〈新共同訳〉（五1）

エフラタのベツレヘムよ
お前はユダの氏族の中でいと小さき者。
お前の中から、わたしのために
イスラエルを治める者が出る。
彼の出生は古く、永遠の昔にさかのぼる。

〈岩波訳〉（五1）

「ベツレヘム、エフラタよ、
あなたはユダの氏族の中で小さき者、
あなたからわたしのために
イスラエルを治める者が出る。
その〔者の〕由来は古く、
永久の昔に〔遡る〕」。

〈フランシスコ会訳〉（五1）

ベツレヘム、エフラタ、
ユダの氏族の中で、最も小さな者よ、
わたしのために、お前の中から
　イスラエルの統治者となる者が出る。
その起こりは、永遠の昔からのもの。

マタイの福音書二章6節にはこの節が引用され、メシヤ誕生の場所としてベツレヘムが預言されていたとされています。「ベツレヘム」は「パンの家」、「エフラテ」は「実り多い」の意味です。「エフラテのベツレヘム」とも訳せ、両者は同義語として用いられることもあります。フランシスコ会訳はエフラタをベツレヘムの別名と見ています。どちらともダビデ王発祥と関連のある地名で（Iサムエル一七12）、「ユダの氏族の中で最も小さいもの」は、エッサイの末息子ダビデがサムエルに見いだされた記事を思い起こさせます（Iサムエル一六章）。ダビデが兄弟たちの中で最も小さかったように、ベツレヘムはユダの部族の中で小さな存在でした。しかし、その場所が最も素晴らしいお方をもたらす場所として選ばれたのです。

「永遠の昔からの定めである」の「定め」は補足で、原文は「永久の昔からのもの」です。フランシスコ会訳は原文に近い訳です。新共同訳と岩波訳は「さかのぼる」「遡る」を用いて意味を補っています。

ミカ書五章2節がイエス・キリストによって成就されたという出来事は、この世の取るに足らないものを主がお選びになって、主の御用のために用いてくださるということを確信させるものです。

へりくだりの心

六章8節

〈新改訳〉

主はあなたに告げられた。

人よ。何が良いことなのか。

主は何をあなたに求めておられるのか。
それは、ただ公義を行い、誠実を愛し、
へりくだって
あなたの神とともに歩むことではないか。
〈新共同訳〉

人よ、何が善であり
主が何をお前に求めておられるかは
お前に告げられている。
正義を行い、慈しみを愛し
へりくだって神と共に歩むこと、これである。
〈岩波訳〉

人よ、何が善であるかはあなたに告げ知らされている。
ヤハウェは何をあなたに求めておられるのか。
公義を行ない、
慈しみを愛し、
心してあなたの神と共に歩むことである。
〈フランシスコ会訳〉

人よ、何が善いことか、
主が何を求めておられるかは、
お前に告げられたはずだ。
正義を行い、慈しみを愛すること、
へりくだって神とともに歩むこと、これである。

「あなたに告げられた」は原文どおりですが、BHSには七十人訳のように「あなたに告げ知らされている」と訳すよう提案がなされています。岩波訳はこれに従っています。新共同訳もこれに近いでしょう。フランシスコ会訳は「お前に告げられたはずだ」と、すでに動作が完了していることを強い調子で表現しています。

「へりくだって」は旧約聖書中、ここだけにしか使われていないことばです。控えめに、という意味ではなく、神に心を向けて、自分の人生を神のみこころと一致させるよう心を配ることを目指しています。「思慮深く」と訳してもよいでしょうし、岩波訳は「心して」と訳しています。

詩篇五一篇17節に、「神へのいけにえは、砕かれた霊。砕かれた、悔いた心」とあります。これは、ダビデがバテ・シェバのもとに通い、預言者ナタンによってその罪を暴かれた後に読んだ悔い改めの詩篇です。ダビデは神の前に自分の罪を認め、悔い改めて、どんなささげ物よりも神に対する真摯な心こそ大切なものであると切実に語りました。ピリピ人への手紙二章8節には、「自分を卑しくし、死にまで従い、実に十字架の死にまでも従われました」と、イエス・キリストの謙遜について語られています。へりくだること、謙遜であることは、人間の神に対する基本的姿勢であるだけでなく、神ご自身が身を低くして私たちに仕えてくださる、その姿勢でもあることを忘れてはならないのです。

ミカの祈り

七章3節

〈新改訳〉
彼らの手は悪事を働くのに巧みで、
役人は物を求め、
さばきつかさは報酬に応じてさばき、
有力者は自分の欲するままを語り、
こうして事を曲げている。

〈新共同訳〉
彼らの手は悪事にたけ
役人も裁判官も報酬を目当てとし
名士も私欲をもって語る。

しかも、彼らはそれを包み隠す。

〈岩波訳〉

彼らの両の掌は悪事にたけ、

将軍や裁きつかさは、

〔共に〕報酬を求め、

有力者は已れの欲望を語るが、

彼らはそれを歪曲する。

〈フランシスコ会訳〉

彼らの手は悪事を働くに巧みで、

役人と判事は賄賂を求め、

有力者は自分の欲望のみを語る。

こうして彼らは悪事を企む。

原文の意味が不明確なため、種々の訳が存在しています。たとえば、「彼らの手は悪事を働くのに巧みで」は、直訳では「悪に対し、良いことをする両手」です。

「事を曲げている」は旧約聖書中にここだけにしか用いられていないことばです。隠蔽するためにねじ曲げることを指し、新共同訳はそのニュアンスをくみ取った訳です。新共同訳「役人も裁判官も報酬を目当てとし」、岩波訳「将軍や裁きつかさは、〔共に〕報酬を求め」、フランシスコ会訳「役人と判事は賄賂を求め」とは「目当てとし」「求め」を二つの主語の述語となるように訳していますが、新改訳は「役人は物を求め、さばきつかさは報酬に応じてさばき」と別々に訳しています。具体的な場面を想像すると、このほうが実感がこもっています。

七章12節

「その日、アッシリヤからエジプトまで、
エジプトから大川まで、
海から海まで、山から山まで、
人々はあなたのところに来る。」

ここは、捕囚後、地の果てから帰還する人々の様子を描いた箇所です。「エジプト」は原文では「マーツォール」。エジプトの語源となった語です。「大川」は新共同訳、岩波訳、フランシスコ会訳は「ユーフラテス」と訳して、具体的な地域を指していますが、原語「ナーハール」の意味は「川」です。旧約聖書に最初に登場するのは創世記二章13節で、ミカ書ではここだけです。イザヤ書、エゼキエル書、詩篇に多く用いられ、エレミヤ書四六章2―10節には五回用いられています(2、6、7、8、10節)。

この節では「エジプト」「海」「山」が二度ずつ繰り返され、広い範囲から人々が集まって来る気配を感じます。イスラエルの民にとっては新しい暮らしが始まる喜びの時ですが、新しい秩序も必要となり、主によって導いてほしいという願いにつながっていきます。

七章19節

〈新改訳〉
もう一度、私たちをあわれみ、
私たちの咎を踏みつけて、
すべての罪を海の深みに投げ入れてください。

〈新共同訳〉
主は再び我らを憐れみ
我らの咎を抑え
すべての罪を海の深みに投げ込まれる。

〈岩波訳〉
彼は再びわれわれを憐れみ、
われわれの咎を踏みつけ、
すべてわれわれの罪を海の深みに投げ込まれる。

〈フランシスコ会訳〉
主は、再びわたしたちを憐れみ、

わたしたちの咎を踏みつけ、
わたしたちのもろもろの罪を、
海の淵に投げ込まれます。

本節は18節とともに、主のあわれみを語っている感動的な箇所です。詩篇一〇三篇12節、イザヤ書三八章17節、四三章25節、エレミヤ書三一章34節でも、主が私たちの罪を遠くにやってくださるという約束が語られています。本節ではその罪が海の底という、もう二度と見ることができないくらい深い所に沈んでしまうという内容です。新改訳が「すべての罪を海の深みに投げ入れてください」と願望形に訳しているのは、一八節からの流れでしょう。他の三つの訳のように、「確信」に訳しても何ら問題はありません。

ナホム書

執筆の背景と著者について

一九二七年から三三年までのニネベの本格的な発掘により、ニネベはアッシリア時代からさらに紀元前五〇〇〇年の時代までさかのぼることがわかりました。北西のクエンジクには、見事なアッシュール・バニパルの宮殿とセナケリブの宮殿がありますが、それよりずっと古い時代のトゥクルティ・ニヌルタ一世（前八九〇―八八四年）、アッシュール・バニパル（前八六三―八五九年）、アグドニラリ二世（前九一一―八九一年）、ティグラテ・ピレセル一世（前一一一四―一〇七六年）、シャルマヌエセル一世（前一二七三―一二四四年）の建築物の遺物も出土しました。サルゴン二世（前七二一―七〇五年）はコルサバドに新しく首都を移し、二〇キロにわたる壮大な都市建設をしましたが、その子セナケリブ（前七〇四―六八一年）は再びニネベに移し、ペルシャ湾から地中海に至る占領地まで、あふれる富をもって神殿、宮殿、城壁、道路、水道、公園などを完成させました。彼の後継者エサル・ハドン（前六八〇―六六九年）、アッシュール・バニパル

（前六六八―六二六年）も同様でした。だれもニネベが占領され、アッシリアが滅びる日がくるとは夢にも考えませんでした。

七百年以上に及ぶ、地上最大の王国とその首都があっけなく滅びるさまを描いたナホム書のメッセージ、それは単純であるだけに、現代的なメッセージをもっています。私たちは、一九九〇年のベルリンの壁の崩壊、ソ連邦の瓦解を目の当たりにしましたが、その七年前にルター生誕五百周年に東ドイツが外貨獲得の観光客を呼び込んだとき、日本でも、東ドイツ領であったヴィッテンベルクやアイスレーベンへのツアーがあり、私も参加しました。西ドイツから国境を越えた途端、道路の舗装が悪くなり、民家も汚れて、すべて貧しいことがわかりました。そのとき、十年も経たないうちにソ連邦が崩壊するとはだれも想像しませんでした。

ナホムはヘブル語で「慰め」という意味です。彼は「エルコシュ人」と言われている以外、聖書の他のどこにも記されていません。エルコシュという地名についても不明で、一六世紀からのアラブ伝承によれば、ニネベの廃墟に近いアルクシュのことで、そこにナホムの墓があるといわれています。そうであれば、ナホムは、すでにアッシリアに捕囚として連れて行かれたイスラエル人の一人で（Ⅱ列王一七23）、ニネベの陥落の近いことを身近に感じて預言したことになります。もう一つの説は、ヒエロニムスが主張したもので、ガリラヤ北部説です。また、カペナウムはヘ

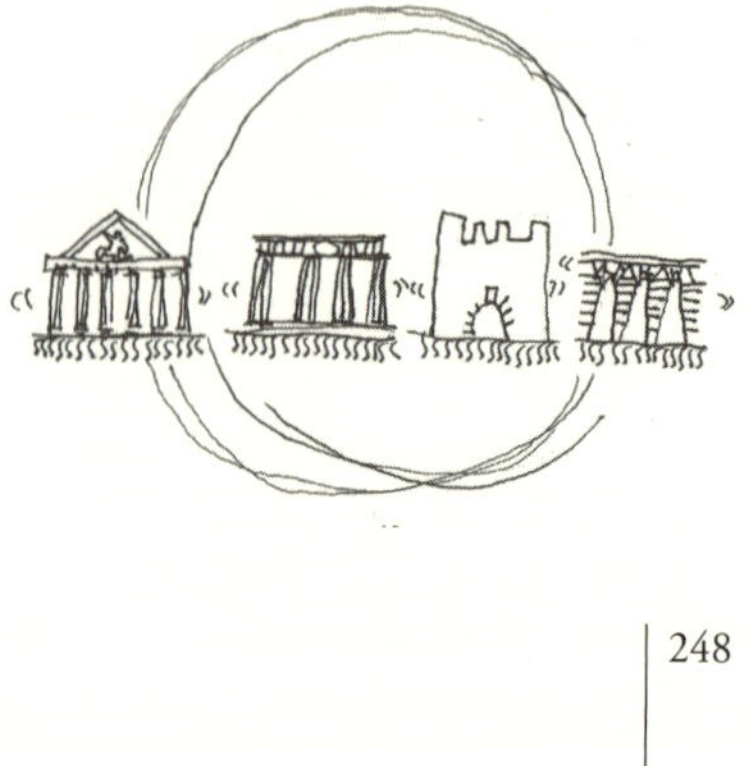

ブル語で「ナホムの村」とも読めるのでそれと関係づけようとする注解者もいます。いずれにしても、メッセージの理解そのものには、それほど影響しません。

ナホム書は、ユダの亡国の運命が待っている暗黒の時代に書かれたものです。ヨシヤによる宗教改革も、イスラエルの滅亡をくいとめることができませんでした（Ⅱ列王二三26）。ヨシヤのように心を尽くし、精神を尽くし、力を尽くして、モーセの律法に従い、主に拠り頼んだ王はいませんでしたが、主はなおもユダに対する激しい怒りをおおさめになりませんでした。しかし、さばきの手段として用いられた敵国は、アッシリアではなく、アッシリアを滅ぼした新興国バビロンのネブカデネザルでした。それは、イザヤが預言したように、アッシリアは神によって用いられたさばきの鞭でしたが、その摂理を知らず、高ぶったからです（イザヤ一〇5―27）。

アッシリアがイスラエルを脅かすようになったのは、特に、ティグラテ・ピレセル三世（前七四五―七二七年）の時からで、その子シャルマヌエセル三世（前七二七―七二二年）と、さらにその子のサルゴン二世（前七二二―七〇五年）によって北イスラエル国が滅ぼされ、サマリアは陥落しました（前七二一年）。そして、セナケリブ（前七〇五―六八一年）によって南ユダ国は何度も滅亡の危機にさらされました。セナケリブの子、エサル・ハドン（前六八一―六六九年）とアッシュール・バニパル（前六六九―六三三年ごろ）はエジプトにまでその勢力を伸ばし、多くの財宝をニネベに持ち帰ったといわれています。

それゆえ、アッシリアが滅んだら、「あなたのうわさを聞く者はみな、あなたに向かって手をたたく」（ナホム三19）、そして大喜びすることが期待されていました。このような期待のことばをもってナホムの預言が閉じられているために、神の愛や正義のメッセージからは程遠いものと考えられ、しばしばナホム書は他の預言者よりも下位に置かれてきました。

著作年代について

ナホム書の著作年代は、前六六八年と前六一二年の間と推定されます。前六六八年は、アッシリアのアッシュール・バニパルがエジプトに攻め入り、テーベを陥落させ、多くの分捕り品をニネベに持ち帰った年です。ナホム書三章8―10節にはそのことの描写がなされています。テーベ陥落の様子を聞いた預言者は、やがてアッシリアにも同じ運命がのぞむことを予測して、この預言をしたと考えることもできます。

アッシュール・バニパルが前六三三年ごろに死んでから、アッシリアの国力は急速に衰えますが、ヨシヤ王が即位すると、ユダは一時的にしろ、アッシリアから独立し、ヨシヤ革命を頂点として（前六二一年）北イスラエルもユダの領土として回復され、改革は遠く北ガリラヤにまで及びました（Ⅱ歴代三四6）。こうした新機運のもとでナホムの預言は、アッシリアの没落に焦点をあててなされ、宗教改革の推進者たちを励ましたとも考えることができます。そして、このように考えるならば、ナホム書がほとんど自分の国ユダについて預言していないことも説明できます。

さらに十年ほどあとで預言されたとも考えられます。前六一四年にはニネベとともにアッシュールが攻められ、陥落した時の模様がナボポラッサルの碑文に記されています。その時の状況からこの預言が生き生きとなされる多くの示唆を得たとも考えられます。いずれにしても、前六一二年にニネベが陥落する以前に預言されたことは確かです。

メッセージの内容

一章は序論で、またナホムの神学的原則の叙述です。神はご自身に頼る者を守られますが、敵に対しては怒られます。神がさばきのために来られると、被造世界のすべてが震動します。

二章では、預言者の前にありありと浮かぶニネベの陥落の様子が描写されます。攻め上ってくる敵、ニネベの住民の狼狽ぶり、そして捕囚と略奪が述べられています。

三章では、さらにニネベの滅亡の描写が続き、その理由も述べられます。アッシリアが高ぶって、彼らの敵に無慈悲であっただけ、彼らに対する滅亡の悲劇も徹底的に遂行されます。描写は生き生きとしていて、まったく無駄のない表現の背後に、神の怒りとさばきの徹底的な事実を読者に訴えようとしています。

ナホムの預言のメッセージは単純です。それは、神のさばきが高ぶるすべての者に及ぶということです。それは、神の民イスラエルであろうと、神の敵アッシリアであろうと変わることがありません。神は、背信と罪をいささかも見過ごしにせず、必ず罰せられますが、神の怒りにおののくことを知らない者は、神の愛の真実性にふれることはありません。一章に示されるこの原則のニネベの具体的適用が、二章と三章です。

ナホムには、ハバククのような神学的応答のプロセスの中での思想の進展とか、エレミヤにおけるような敗北主義を通しての新しい契約の洞察が見られません。しかし、思想が単純率直であり、神のさばきの現実性が強烈であればあるだけ、その預言は今日への強いメッセージとして響いてきます。

現代人はクリスチャンを含めて、世界と自然の背後にある神の臨在感、特に、さばきの神の前での恐れの気持ちを喪失し、キリスト教は個人レベルの良心宗教になりさがってしまった感があります。ある神学者たちは、聖書の字句について百万言を語ることができても、「神の前における」罪のさばきの厳しさと、迫りくる神の怒りと憤りそのものについて語ることができなくなっています。

ナホム書やオバデヤ書の預言を、その預言の対象からだけ判断して、メッセージを聞こうとするのは、預言書を読む正しい態度ではありません。一人ひとりの預言者は、神によって直接召しを受け、メッセージを授けられ、派遣されたという側面と、一方では、預言者の共同体、あるいは旧約預言の伝承の担い手の一員としての側面をもっています。そして預言者たちは、主なる神の世界支配と、神の義の貫徹をあらゆる民族の興亡の中に見ようとします。イスラエルとユダの罪と背信を罰するために神はアッシリアを興されましたが、そのアッシリアの高ぶりと暴虐に対し、バビロンを興してこれを滅ぼされます。ナホム預言は、単なる排他的な憎しみや、愛国心の発露として見るべきではありません。ナホムの預言は、神の義の普遍性と、神の怒りの現実性を証言するものですから、アッシリアの暴虐に苦しんでいたユダの民にとって、歴史を支配される神への信頼と希望を与えるのみならず、ユダもまた悔い改めなければ、同じさばきで神の前に立たせられているという警告をここから読み取るべきです。そしてここにこそ、現在の日本やキリスト教国と呼ばれる欧米諸国に対する切迫したメッセージがあります。

さばきの恐怖

神の怒りの描写（一2—8）

ヘブル語テキストでは、一章2節から8節まで、ヘブル語アルファベットのアーレフからキャフまで十一文字を並べる遊び歌となっていて、文章が繰り返しと並行句によってつなぎ合わされています。

2節に「主はねたみ」とありますが、シナイ契約において、主はねたむ神であることを啓示されました（出エジプト二〇5）。主の名は「ねたみ」と呼ばれました（同三四14）。

人間関係において、ねたみは友好関係を妨害し、社会の平和な秩序を乱すものとして忌むべき悪徳とされていますが、旧約においては、神が選民イスラエルとの密接な関係を表現する積極的な用語として使われています。神は、イスラエルの民と永遠の契約を結ばれました。それは、夫と妻の契約関係によって象徴されるような愛の関係であって、第三者の介入を決して許しません。第三者はしばしば偶像ですが、そのほかにも神のねたみは、人間の側の罪や背信など不純なすべてのものを排除しないではおきません。

「復讐する神」は、2節だけで三回繰り返されています。イスラエルの神は、ご自分の民に「復讐してはならない。あなたの国の人々を恨んではならない」（レビ一九18）と命じられる愛と赦しの神ですが、一方では、罪と背信を必ず罰するお方です（同二六23―25、エゼキエル二四8）。「憤る方」は、旧約聖書の中でごく普通に用いられていることばです。「憤り」という意味で一一六回用いられています。「怒り」という一般的な用語とともに用いられることも多いようです（ナホム一6、申命二九23、イザヤ六三6など）。

「敵に怒りを保つ方」は文字どおりの訳です。新共同訳では「仇に向かって怒りを抱かれる」、フランシスコ会訳では「敵には怒りを燃やされる」、岩波訳では「彼こそその敵に怒りを向ける方」と訳しています。すなわち、一時的には神の敵は暴虐をほしいままにしているようだが、時が満ちると、神の怒りは蓄積されたダムの水が決壊した時のように彼らに襲いかかるということです。

3節に「主は怒るのにおそく」とありますが、神の本性は、人間の怒りのように一時的で気紛れではなく、愛と忍耐を基調としています（出エジプト三四6、民数一四18）。「力強い」とありますが、神の力は単なる力の誇示ではなく、一方では、いつくしみと罪の赦しとしてあらわれ、他方では、不正不義や背信を必ず罰せられるという面にあらわれます（民数一四17―19参照）。

「主の道はつむじ風とあらしの中にある」とあるように、3節後半から5節にかけて、神の大能が自然に及び、神の怒りを啓示するために自然の災害も用いられていることが預言されています。

4節の「海をしかって」の表現には、当然、出エジプトの奇跡が考えられ、「すべての川を干上がらせる」は、ヨルダン渡河（ヨシュア四23）が預言者の脳裏にあったと考えてよいでしょう。「バシャン」「カルメル」「レバノン」は、いずれもパレスチナで最も肥沃な地域と森林です。神のさばきは飢饉を通しても示されるわけです。

7節を見ると、激しい神の怒りによって飢饉や地震がきても、それは無差別のさばきではないことがわかります。神の憤りや怒りのさなかにも、神ご自身の本性は「愛」であり、「いつくしみ深い」ことを知って、神ご自身に避け所を見いだせる人は幸いです。怒り狂っておられるように見える神の御顔の背後に「愛」を見て、神になおも拠り頼んでゆく信仰は、十字架信仰において頂点に達しました。神はそのような信仰者をご存じです（詩篇一6、三七18）。

アッシリアの運命（一9―15）

神は、必ず悪に報い、罪を罰する方であって、天地自然をも揺り動かして邪悪な者を滅ぼされます。ましてや、意図的に神に向かって悪事を「たくらむ」（9節）、「計る」（11節）者は必ず滅ぼされます。10節で人称代名詞が「あなたがた」から「彼ら」に変わっているのは、預言書によく見られる転置です。11節では「あなた」となっています。

邪悪で、神に向かって高ぶるアッシリアが滅ぼされることは、ユダにとっては解放を意味します（イザヤ一〇5―27参照）。アッシリアの滅亡は、ユダにとって一時的な解放にすぎませんでしたが、重要なことは、どのような強国であっても、神は必ずこれを滅ぼされるということです。「あなたの子孫はもう散らされない」（ナホム一14）は、文字どおりには「あなたの名はもうまかれない」です。新共同訳は「お前の名を継ぐ子孫は、もはや与えられない」、フランシスコ会訳は「お前の名を継ぐ子孫はもはや出ない」、岩波訳は「二度とあなたの名が継がれることはない」となっています。「あなた」という代名詞をアッシリアととるか、ユダととるかによって意味が違ってきます。新改訳はユダととって、救済のメッセージに訳しています。多くの訳はアッシリアの滅びの預言ととっています。

15節は、ヘブル語聖書では二章1節となります。そのため、新改訳では二章は順に一節ずつずれています。この節は一章全体の結論とも、二章の導入ともとれる節です。

イザヤ書五二章7節では、バビロンの陥落と関係して同じ表現が用いられています。また、パウロは、福音宣教の働きと関係してこのイメージを考えています（ローマ一〇15）。「良い知らせを伝える者」は旧約中九回用いられています（Ⅰサムエル四17、Ⅱサムエル四10、一八27、詩篇六八11、イザヤ四〇9、四一27、五二7、ナホム一15)。サムエル記第一、四章17節では、悪い知らせをもってきた伝令の意味です。いずれの場合も、知らせは、ニュースを受け取った者の運命に決定的な影響を及ぼしています。アッシリアはまだ滅びておらず、したがって解放の状況はまだ起こっていませんが、すでにそのメッセージを伝える者の足はユダの山の上にあって、預言者はその声を聞いていますから、神の民は安心して、神への感謝と解放を願った時の誓願(レビ七17、民数六2など)を果たすのです。

ニネベ陥落のおとずれ

ニネベへの攻撃と包囲(二1—6)

アッシリアに対するあざけりと皮肉の表現で二章は始まります。かつて強盛を誇ったアッシリアに向かって「塁を守り」「腰をからげ」(1節)というような励ましのことばが必要であるということは、その弱体ぶりを示しています。

ヘブル語の接頭辞で2節が始まっていることと、内容から見て一章15節につながると考える学者が多くいます。いずれにしても、アッシリアが滅びることは、イスラエルのかつての栄光が回復することにつながります。「ヤコブ」と「イスラエル」は対となって、南ユダと北イスラエルを指しています(ミカ一1、5、三9—10参照)。

「かすめる者が彼らをかすめ」(ナホム二2)は、ヘブル語で「ベカークーム・ボケキーム」と語呂合わせになっています。預言者たちは、厳粛なメッセージの中でも語呂合わせを使うことによって、聞き手に強烈な印象を与えようとしました。預言が、読むものとしてよりも、まず語り、聞くものであることが、こうしたところからも推測できます。「ぶどうのつるをそこなった」(同節)とありますが、イスラエルはぶどうの木にたとえられます。ぶどうの房を荒々しくもぎ取ると、つるが痛みます。これはアッシリアの強奪行為を表象しています。

3―4節は、ニネベを攻撃する軍隊の様子を表しています。「鉄の火のようだ」は、炉で精錬される鉄の赤く燃えて輝く状態を想像していると思われます。ここの攻撃隊の描写は、心理要素を含んだ詩的な表現法です。

5―6節では、攻撃隊の様子から一転して防御側の描写に移ります。「貴人たちは」の前に「アッシリアの」を補って読むとよいでしょう。「町々の門は開かれ」ニネベはティグリス川とその支流によって囲まれていて、攻撃隊は深い堀を渡らなければなりませんでした。堰門が開かれて、水かさが増せば、川を渡って城へ攻め入るのは非常に困難なことでした。

逃亡と略奪(二7―10)

「王妃」(7節)はヘブル語で「フッツァブ」という意味不明の言葉で、ニネベを意味するあだ名ではないかという説もあります。新共同訳も「王妃」です。フランシスコ会訳はニネベの守護神イシュタルと解釈して「女主人」と訳しています。岩波訳は人名ととって「フッツァブ」としています。そのあとに、新改訳では「そのはしため」ということばが出てきます。新共同訳と岩波訳では「侍女」、フランシスコ会訳は「召使」として神殿に仕えていた巫女、神殿娼婦と解しています。ここは数々の修正が試みられている問題の多い箇所です。

8節では、ニネベの城内にいた人たちが、ダムの水が決壊した時のようにあわてふためいて逃亡し、立ち止まって敵と戦えという命令も耳に入らないことが記されています（エレミヤ四六5参照）。

10節は、アッシリアのすべての住民の苦痛と恐怖を描いています。かつてのおごり高ぶった勇猛な面影は全く見られません。「破壊、滅亡、荒廃」は、ヘブル語で「ブーカー、メブーカー、メブッラーカー」と語呂合わせになり、詩的効果をあげています。フランシスコ会訳は「空虚、虚無、廃墟」と、音を意識して訳しています。

アッシリアの罪と滅亡（二11―13）

11―12節に現れる「獅子」はアッシリアの彫刻によく用いられ、人々がその勇猛さを好んでいたことがわかります。アッシリアの軍隊が敵地を攻略し、町々を滅ぼし、分捕り物を略奪し、捕虜の耳をそぎ、目をくり出し、捕囚の地へ引いて行った様子は、獅子が獲物を襲う姿に象徴されています。

けれども、雄獅子が倒されるとき、雌獅子と子獅子も滅ぼされます。これはアッシリアの罪ゆえに、神がさばきを下されたことを表します（13節）。

ニネベの完全な滅亡とその意味

遊女ニネベのさばきと末路（三1―7）

「ああ。流血の町」（1節）の「ああ」は、預言者が呪いの宣言をする場合によく用いた感嘆詞です（イザヤ五8、11など）。「幸いなことよ」（詩篇一1など）の反対を表す感嘆詞です。ニネベが滅ぼされるのは、他国を暴虐によって滅ぼし、偽りの行為を積み重ねた結果でした。

2―3節には、ニネベの滅びの様子がなまなましく描かれます。預言者は、崩壊するニネベの町を思い浮かべるとき、聴覚においてもその状況を描くことができました。

4節では、ニネベの罪が遊女の罪にたとえられています。アッシリアはただ武力だけで相手国を攻め落としたのでなく、遊女がいろいろな手練主管を用いて男を誘惑するように、さまざまな謀略や脅迫によって諸小国を征服していきました。また、従属国に偶像礼拝を強制したこともあったかもしれません。

5―7節で、遊女に対する辱しめとさばきの姿によって（エゼキエル一六36―37、ホセア二9参照）、ニネベへのさばきが示されます。遊女へのさばきは、実際このようにして行われていたのかもしれません。「あなたを見る者は、あなたから逃げて言う」（ナホム三7）とあるように、あまりにみじめで醜悪な様相は、見るものが顔を避けて逃げるようになります（詩篇三一11）。それにもかかわらず、その悲惨さに同情する人は一人もいません。

滅びと終わりの日のうた（三8―19）

「ノ・アモン」（8節）は「アモンの町」という意味で、エジプトのテーベのことです。カイロの南七四〇キロにあったナイル河東岸の大都市です。古代ギリシャ人は「テーベ」と呼びました。前二一〇〇年ごろから存在し、アモン神礼拝の中心地でした。上エジプトの首都、そして一時はエジプトの首都でもありました。ナイルのほとりに位置し、堀をめぐらして難攻不落を誇ったテーべも、前六六三年にアッシリアによって滅ぼされました。

「クシュ」（9節）は古代エチオピアのことです。現在のエチオピアよりももっと南のスーダンに近い地域です。テーベ陥落時のエジプト第二十五王朝はクシュ人ピアンキの創設した王朝です。「プテ」は現在のソマリヤ地方、「ルブ」はエジプトの西隣で、いずれもノ・アモン（テーベ）のために軍隊を送っていました。

15節の「火はばったのようにあなたを焼き尽くす」は難解です。新共同訳は「火はいなごが食い尽くすように」、フランシスコ会訳は「火はお前を跳び蝗のように食い尽くす」、岩波訳は「跳び蝗のように火はあなたを食い荒らす」としています。「ばった」「いなご」「跳び蝗」と訳が異なります。次の行では、語呂合わせと、皮肉の感情があらわれています。「ばったのように」「いなごのように」ふえても、結局すべて滅びる、と。

16―17節では、15節に続いて「いなご」「ばった」という用語が何回も使われます（ヨエル一4、二25参照）。それは、量的大きさの表現であるとともに、ある時期には思いがけず増し広がり繁栄するが、時が過ぎれば消えてしまう歴史上の強国の興亡を表象しています。

そして、アッシリアの支配階級も、一般市民も、すべて滅ぼし尽くされ、これを聞いた諸国民は強暴なアッシリアの滅亡を知って大喜びすると述べて（18―19節）、ナホム書は終わります。

ハバクク書

エルサレムは新市街と旧市街に分かれていますが、新市街は広い道路が整備され、新しいトラム（路面電車）が走っています。南のはずれは、ヨルダン自治領に属するベツレヘムの手前に高い城壁が築かれています。そこへ着くまでの西側に、「タントールの丘」と呼ばれる小高い丘がありますす。伝説によれば、ハバククはこの丘の上から北を向いて預言をしたといわれています。目の前には、エルサレムの町があります。

前六〇九年にヨシヤ王がメギドの戦いで戦死し、せっかく始まった宗教改革は頓挫してしまいました。アッシリアは前六一二年に滅び、代わって登場したバビロンのネブカデネザルの軍隊は「強暴で激しい国民」（一6）ですが、ハバククは、その軍馬のはね回る音、騎兵たちのあざけりの声を聞くことができました。このような状況を念頭に置きながら、やがて三章の祈りの中で終末的な救いを示され、賛美に導かれるハバククについて思い巡らしたいのです。

「信仰によって生きる」

一章5節

〈新改訳〉

異邦の民を見、目を留めよ。

驚き、驚け。

わたしは一つの事をあなたがたの時代にする。

それが告げられても、あなたがたは信じまい。

〈新共同訳〉

諸国を見渡し、目を留め

大いに驚くがよい。

お前たちの時代に一つのことが行われる。

それらを告げられても、お前たちは信じまい。

〈岩波訳〉

諸国民を見よ、そして目を留めよ。

驚き、愕け。

あなたがたの時代に〔その〕業を行なわれる方を、
それが告げられても、あなたがたは信じないだろう。

〈フランシスコ会訳〉

「諸国の民に目をやり、さらに見つめよ。
驚き仰天せよ。
わたしは一つの業をお前たちの時代に行う。
それを知らされても、お前たちは信じないであろう」。

新改訳が「異邦の民」と訳しているのは、「国々」（ゴーイーム）ということばです。七十人訳聖書は「あざける者たち」と訳しています。BHSの脚注には、「あざける者たち」を意味するヘブル語「ボゲディーム」の読み替えが提案されています。この読み替えは、南ユダが諸国の民の中で虐げられている状況を物語っており、大きな違いはないと思われます。

使徒の働き一三章41節は、七十人訳を用いてこの節を引用しています。これは、パウロがアンテオケで行った説教の締めくくりです。安息日に会堂で律法と預言者の後に語ったパウロは当然、ヘブル語を用いていました。新約聖書の記者が七十人訳を用いているのですが、それによって聖書の使信が変わることはありませんでした。

「わたしは一つの事をあなたがたの時代にする」（新改訳）と一人称に訳しているのも七十人訳の影響です。七十人訳には一人称の主語の「エゴー」が記されています。原文は岩波訳のように三人称です。6節にも同様に「エゴー」が補足されており、主のことばとして解釈されています。

二章4節

〈新改訳〉
見よ。彼の心はうぬぼれていて、まっすぐでない。
しかし、正しい人はその信仰によって生きる。

〈新共同訳〉
見よ、高慢な者を。
彼の心は正しくありえない。
しかし、神に従う人は信仰によって生きる。

〈岩波訳〉
見よ、増長している者を。
その魂はまっすぐではない。
義《ただ》しい者は、その信仰によって生きる。

〈フランシスコ会訳〉
「見よ、心がまっすぐでない者は崩れ去る、
しかし、正しい人はその誠実さによって生きる」。

後半部分は、ローマ人への手紙一章17節に引用されている有名な箇所です。「正しい人」と訳されているのはヘブル語で「ツァディーク」です。「ツァディーク」は、文語訳で「義《ただし》き者」、口語訳で「義人」と訳されていましたが、新改訳とフランシスコ会訳は「正しい人」、新共同訳は「神に従う人」、岩波訳は「義《ただ》しい者」と訳しています。七十人訳は「ツァディーク」を「ディカイオス」と訳しています。ローマ人への手紙一章17節では七十人訳と同じ「ディカイオス」となっています。この部分は新改訳で「義人」、新共同訳で「正しい者」となっており、ハバクク書二章4節と違う解釈をしていることがわかります。

「信仰」と訳されているのは、「エムーナー」に三人称単数男性の接尾辞と「ベ」のついた「ベエムーナートー」です。「エムーナー」は「真実」「忠実」という意味を含んでおり、フランシスコ会訳は「誠実さ」と訳しています。新改訳と新共同訳、岩波訳はそろって「信仰」と訳していますが、新改訳と岩波訳は三人称単数を示す「その」を補っています。七十人訳は「ベエムーナートー」を、「エク・ピステオース・ムー」と一人称単数の「ムー」を補って訳しています。つまり七十人訳では「その信仰によって」が「私の信仰から」に変わっているのです。ローマ人への手紙一章17節では、人称代名詞「ムー」（私の）はなくなっており、「エク・ピステオース」で、だれの信仰か不明です。

ルターが福音の再発見をしたときに読んでいたのは、エラスムスのギリシャ語新約聖書が出版される前で、ラテン語ヴルガタ聖書でした。ヴルガタでは、この部分のハバクク書二章4節とローマ人への手紙一章17節はほとんど同じですが、ローマ人への手紙一章17節ではラテン語の前置詞「イン」（〜において）が「エクス」（〜から）に変わり、「スア」（人称代名詞、三人称単数男性）がありません。この微妙な変化をルターはどのように感じたのでしょうか。いずれにしても、このときの経験が後に原語から母国語への翻訳へと駆り立てたのでしょう。

昭和六年（一九三一年）から十四年かかって、塚本虎二（一八五五―一九七三年）は、口語体の新約聖書を訳しましたが、二〇一一年九月に、塚本虎二新約聖書刊行会は新教出版社から合本として出版しました。ローマ人への手紙一章17節は次のように訳されています。

「信仰から出て信仰に終わる、（徹頭徹尾信仰本位の）神の義が、この福音において現わされているからである。『信仰による義人は生きる』と（聖書に）書いてあるとおりである。」

「わざわいだ」

二章11節

〈新改訳〉

まことに、石は石垣から叫び、

梁は家からこれに答える。

〈新共同訳〉

まことに石は石垣から叫び
梁は建物からそれに答えている。
〈岩波訳〉
まことに石が石垣から叫び、
梁が木〔造りの家〕からそれに答えている。
〈フランシスコ会訳〉
石でさえ石垣から叫び、
梁は家の木組みからそれに答えている。

二章5節以下には「わざわいだ」という語が五回発せられています。この節は第二の「わざわいだ」の最後の節で、邪悪な富によって家を建てても、石や梁が黙っていないで叫ぶだろうという意味です。「家」（新改訳）は「木、柱、木材、蒔」の意味で、岩波訳は意訳して補っています。息をしていない家の材料さえ、不正に抗議するという厳しい内容のこの節が、ルカの福音書一九章40節でパリサイ人に向けられたイエスのことばとして引用されています。

二章19—20節
〈新改訳〉
わざわいだ。

木に向かって目をさませと言い、
黙っている石に向かって起きろと言う者よ。
それは像だ。
それは金や銀をかぶせたもの。
その中には何の息もない。
しかし主は、その聖なる宮におられる。
全地よ。その御前に静まれ。
〈新共同訳〉
災いだ、木に向かって「目を覚ませ」と言い
物言わぬ石に向かって「起きよ」と言う者は。
それが託宣を下しうるのか。
見よ、これは金と銀をかぶせたもので
その中に命の息は全くない。
しかし、主はその聖なる神殿におられる。
全地よ、御前に沈黙せよ。
〈岩波訳〉
禍いだ、木に向かって「目を覚ませ」と言う者、

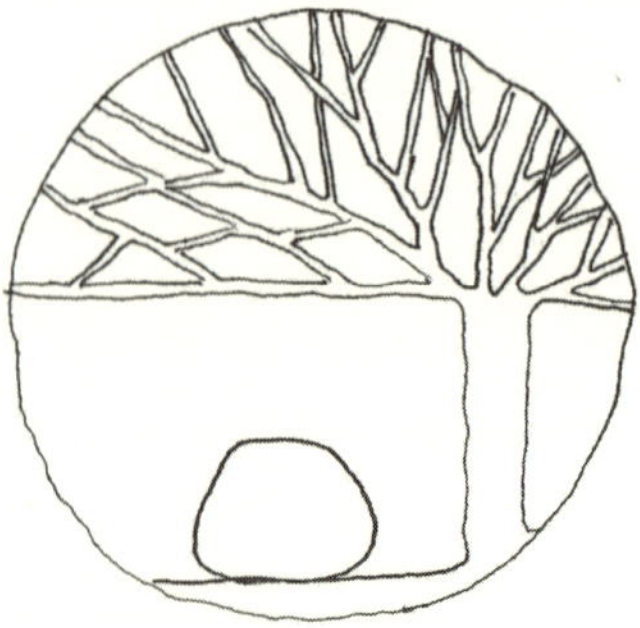

黙ったままの石に向かって「起きよ」と〔言い、〕

「それが教えるのだ」と〔言う者〕は。

見よ、それは銀や金をかぶせられたもので、
その中には何らの霊もない。

だが、ヤハウェはその聖なる宮におられる。

全地よ、その前に沈黙せよ。

〈フランシスコ会訳〉

災いだ。

木に向かって「目を覚ませ」と言い、
もの言わぬ石に「起きろ」と言う者。

「それが教える」と言う者。

それは、金や銀を被せたものにすぎず、
その中に何の息もない。

しかし、主はその聖なる神殿におられる。

全地よ、その前に口をつぐめ。

第五の「わざわいだ」は内容的には18節から始まっていますが、19節の冒頭に「わざわいだ」を意味する「ホーイ」が置かれています。直訳では「ああ!」となります。ここでの嘆きは、木

や石といった被造物を神とあがめ、偶像礼拝することに焦点が当たっています。

新改訳ほかで「息」と訳されている「ルーァハ」は岩波訳のように「霊」と訳すこともできます。旧約聖書では創世記一章2節に最初に登場します。つまり「何の息もない」（新改訳）は神の息が存在しないことを意味し、石や木に金銀をかぶせたものは神ではないことを示しています。11節で「石は……叫び」「梁は……答える」となっていたのと対照的で、神の息がない像そのものには何の力もないのです。七十人訳ギリシャ語聖書では、「ルーァハ」の翻訳に「プネウマ」が使われています。「プネウマ」は新約聖書で「風」（ヨハネ三8）、「息」（マタイ二七50）、「心」（同五3）と訳されており、「聖霊」を表すときにこのギリシャ語が使われています。ギリシャ語では、もう一つ「プシュケー」という語が「息」や「霊」の意味をもっています。「プネウマ」とともに精神生活の座を表す語で、厳密な区別はなされていません。

ハバククの賛美の歌

三章13節
〈新改訳〉
あなたは、ご自分の民を救うために出て来られ、
あなたに油そそがれた者を救うために

出て来られます。／

あなたは、悪者の家の頭を粉々に砕き、

足もとから首まで裸にされます。　　セラ

〈新共同訳〉

あなたは御自分の民を救い

油注がれた者を救うために出て行かれた。

あなたは神に逆らう者の家の屋根を砕き

基から頂きに至るまでむき出しにされた。　　セラ

〈岩波訳〉

あなたは、あなたの民を救うために、

あなたの油注がれた者を救うために、出て来られた。

あなたは悪しき者の家から、

〔その〕頭を打ち砕き、

足元から首〔の部分〕まで破壊するために。　　セラ

〈フランシスコ会訳〉

あなたはご自分の民と

油注がれた者とを救うために出てこられる。

あなたは悪人の家を打ち砕き、
足元から首に至るまで裸にされた。〔セラ〕

三章はハバククの詩篇であり、賛美の歌です。「油そそがれた者」（新改訳）は「メシア」です（詩篇二〇6、二八8）。「メシア」は通常、「王」（同四五7）、「大祭司」、「預言者」（出エジプト二九7、レビ四3、イザヤ六一1）、またある時は「民」も意味します（詩篇二八8、八四9）。ギリシャ語では「キリスト」、七十人訳ギリシャ語聖書ではその複数形「油注がれた者たち」になっています。フランシスコ会訳は、ここではイスラエルの民を意味していると解します。「悪者の家の頭」（新改訳）の「頭」は、ヘブル語で「ローシュ」です。新共同訳では「屋根」と訳され、フランシスコ会訳は省いています。「頭を砕く」という表現は創世記三章15節にあります。ここは原福音と呼ばれる重要な箇所で、神が蛇に対して、「彼は、おまえの頭を踏み砕き」と語っておられる場面です。

「裸にされる」はイザヤ書三章17節などに登場します。家全体が裸にされるということは、つまり破壊されるということであり、そこにいる人々も滅ぼされるという意味です。

14節以降も神の顕現に伴う恐ろしい出来事がつづられていますが、ハバククはそれを「静かに待とう」（16節）と決心しています。

三章18―19節

〈新改訳〉
しかし、私は主にあって喜び勇み、
私の救いの神にあって喜ぼう。
私の主、神は、私の力。
私の足を雌鹿のようにし、
私に高い所を歩ませる。／
指揮者のために。弦楽器に合わせて。
〈新共同訳〉
しかし、わたしは主によって喜び
わが救いの神のゆえに踊る。
わたしの主なる神は、わが力。
わたしの足を雌鹿のようにし
聖なる高台を歩ませられる。／
指揮者によって、伴奏付き。
〈岩波訳〉
しかし、私はヤハウェによって喜び、
わが救いの神に、私は喜び躍ろう。

わが主〔なる〕ヤハウェはわが力、
わが足を雌鹿のようにし、
私に高台を歩ませて下さる」。
——指揮者に従い、わが琴〔の調べ〕に合わせて——

〈フランシスコ会訳〉
わたしの主なる神はわたしの力。
わたしの足を雌鹿のようにし、
わたしに高い所を歩ませられる。／
指揮者に一任。琴に合わせる。

ハバククの賛美は神を信頼し、喜ぶと歌いあげて締めくくられています。出エジプトの時にイスラエルの民が紅海を渡った際に、同様の喜びがありました（出エジプト一五1―2）。

ハバクク書三章19節は詩篇一八篇33節と同じ内容です。試練の中で喜ぶ信仰者の姿は、ローマ人への手紙五章2―3節、ピリピ人への手紙四章4節に見られるものと同じです。フランシスコ会訳は「高い所」を自然の中での礼拝の場所であると考えています。低い所では敵が踏まれ、高い所で神と人が交わるという解釈です。申命記三二章13節、イザヤ書三三章16節、五八章14節にも同じような思想が見られます。神が信仰者を高い所で守られ、信仰者は真の勝利と歓喜を与えられる、とハバクク書は締めくくられています。

ゼパニヤ書

執筆背景と著者について

著作年代からいって、ナホム書、ハバクク書とともに研究するのがよいでしょう。また、エレミヤ書、エゼキエル書とも歴史的研究を共通にしています。

「ゼパニヤ」という名は「主が（悪から）守ってくださった」という意味でしょう。同名の人物がほかに三人います（エレミヤ二一1ほか、ゼカリヤ六10ほか、I歴代六36）。聖書ではゼパニヤ書一章1節のまえがき以外に、この預言者の経歴を知る手がかりはありません。

一章1節によれば、ヒゼキヤ王（前七一五—六八六年）から四代目の子孫にあたります。彼がヨシヤ王（前六三九—六〇八年）の治世に活躍したとすれば、ヒゼキヤから数えてあまりにも近すぎるという疑問が生じます。ヒゼキヤ王と別のヒゼキヤという人物がいたのかもしれません。今一つの可能性は、イスラエルの王族は特に早く結婚して子どもができる場合があったとする解釈です。いずれにしても、メッセージの内容から見て、アモスやミカのように一般市民の一人として社会不正の批判をするよりも、国家全体の運命について考える視野をもった上流階級の人物で、エルサレム在住の預言者であったようです。

ゼパニヤ書はナホム書やハバクク書の歴史的背景と同じく、ユダの亡国の運命が待っている暗黒の時代に書かれました。特にマナセ（前六八七―六四二年）の罪は大きく、そのため神は必ずユダとエルサレムを滅ぼそうと決心されました（Ⅱ列王二一1―16）。偶像礼拝は国中にはびこり、忠実なヤハウェ信仰者は殉教しました。一方、国外では、強盛を誇ったアッシリアが、アッシュール・バニパル（前六六八―六二六年）の死後急速に崩壊の道を歩んでいこうとしていました。アモン（前六四二―六四〇年）の短い治世の後、信仰深いヨシヤが即位し、宗教改革を行って、偶像礼拝を一掃しますが、マナセ王の時の悪習や罪の深い根を根絶するところまでは進みませんでした。

二章13節にアッシリアとニネベの滅亡の預言があるので、預言は、ニネベ陥落（前六一二年）以前であったことは確かです。また、ユダとエルサレムで多くの偶像礼拝がなされていたので（一4、5、8など）、ヨシヤ革命（前六二一年）以前であったようです。ヨシヤが八歳で王位についてから、二十六歳で宗教改革を始めるまでの間であり、エレミヤなどと協力して宗教改革の準備となる預言をしたと考えるならば、前六三〇年から六二二年の間と考えるのが最も自然でしょう。また、預言は、一度に全部なされたと考える必要はなく、数年の間に預言したものの集約と見てもよいでしょう。

預言者は、英雄や詩人のように、ひとり勝手に独創的な思想をつくるのではなく、預言者中の預言者モーセを土台とした（申命一八15―22）預言者の集団の一員です。ゼパニヤの場合は、イザヤの預言とヨエルの預言の系統に立ち、同時代のナホムおよびハバククと相補関係にあると考えられます。

ナホムは、アッシリア、そしてその首都ニネベの陥落に焦点を合わせて、神の怒りとさばきについて預言しました。ハバククは、ユダとエルサレムに満ち満ちた暴虐と悪徳の数々をさばくために神がカルデア人を興されるという幻を見て、神の義と神の選びの神学的矛盾の中で主の答えを得ようとしました（ハバクク二1）。ゼパニヤは、ナホムのさばきのメッセージを、ユダと周辺のすべての国に適用されるものとしました。

しかも、「主の日」という、ヨエルやイザヤの預言の伝統に立ってのメッセージを強調しました。すでに述べたように、「主の日」は二十四時間の一日でなく、ある期間とも瞬間とも考えられます。それは、昨日も今日のように、明日も今日のようにと直線持続的思考に慣らされた世俗的人間の水平線上に、突然、上から介入される「神の時」です。それは多くの場合、さばきによる介入ですが、信仰者にとっては救いの日です（イザヤ二2、四2、一〇20、一一10、11、一二4など、ヨエル一15、二1、11、31、三14など）。ゼパニヤ書においては「主の日」（一7、14）だけでなく、「その日」（一9、10、15、三11）や、その他の表現によっても、この日の意味の多様性が示されています。

ゼパニヤは、エレミヤと協力して、ヨシヤの宗教改革に協力しながらも、長年積み重ねられた罪は容易にぬぐい去られることはなく、さばきは全地に及ぶことを見通していたに違いありません。そして、エレミヤやエゼキエルと違った面から、信仰者にのぞむ終末的な救いの日について預言しました。それは、イザヤの伝統に立つ「残りの者」のメッセージであり、その日には、異邦の人たちも「きよいくちびる」を与えられて（三9）、全地からシオンに集まり、主の御名を賛美します。

ユダとエルサレムへのさばき

そのさばきの範囲と中心（一2―6）

「取り除く」（2節）は、原文では強調形であり、「すべてのものを取り除く」との徹底的なさばきの宣言です。このことばによって、ゼパニヤの預言は始まっています。

3節は2節の繰り返しですが、創世記一章20―25節において、神は獣、鳥、魚を造り、そのあとで創造の冠として人を造られました。その冠である存在が悪人となったので、人間とともに全被造物がさばきの対象とされてしまいました。

そして、さばきはまずユダとエルサレムから始められます（4節）。神によって選ばれた者ほど、その背信の罪は大きいのです。「バアルの残りの者」は、すでにヨシヤ革命が始まっており、前六二一年における宗教改革の直前であったと推測される表現です。バアルは、カナン、フェニキアの肥沃神で、再々、イスラエルの信仰の純粋性をおびやかしました。

5節では、混合宗教の危険性が語られます。一方では主に誓いを立て、他方では偶像を拝む。日本人に一番多いタイプといえるかもしれません。マナセの時代に天の万象を拝む悪習が全土に広まりました（Ⅱ列王二一章）。「屋上」とありますが、イスラエルの家の屋上は平らで、天の星や月、太陽を拝む場所としても用いられました。

偶像礼拝は、なんとなく生じるものではありません。それは、主に背いて従わず、求めず、尋ね求めようとしない姿勢と表裏の関係にあるのです（6節）。

支配階級へのさばき（一7—9）

犠牲には普通、きよめの食事が伴っていました。この7節の「招かれた者」とは、死体を食べるために呼び集められた野獣か、あるいは神のさばきを遂行するために招かれた外国の軍隊と考えられています。

その犠牲の中心は、国の支配階級です。彼らは、特権も大きいのですが、それとともに責任も大きいのです。ここで王が除外されているのは、ヨシヤ王がその信仰のゆえに最良の王であると考えられていたという時代的背景があるためと思われます（Ⅱ列王二三25）。「外国の服をまとった」（ゼパニヤ一8）ことは、習慣だけでなく、宗教的にも異教の影響を受けていることを示しています。

「神殿の敷居によじのぼるすべての者」（同9節）とありますが、これは、ダゴンの神殿で祭司が敷居は踏まないという習慣から来ていると考えられます（Iサムエル五5）。敷居の下には悪霊が住んでいて、これに接触しないために建物の出入りに際しては敷居を大きくまたいだという理解もあります。また、敷居には神殿を守る神々がまつってあり、それを踏まないために飛び越えたという説もあります。さらに、神殿の敷居ではなく、一般人の家の敷居を飛び越えて侵入する略奪者を意味するという説もあります。この説は、あとの文章とよく調和します。敷居を聖所の土台とか階段のついた玉座の台と理解する説もあります。この場合、これをまたぐのは王の側近で、ここでは行政者に対する断罪が述べられていることになります。

エルサレムへのさばき（一10―13）

10節はエルサレムへのさばきの描写です。「魚の門」はエルサレムの北にあった門で、ツロの証人たちが来て、干魚やその他の品物を売った場所です。ネヘミヤの城壁再建にも言及されています（ネヘミヤ三3、一二39）。「第二区」はエルサレムの北の部分に建てられた新市街で、原語は「ミシュネ」。新共同訳は「ミシュネ地区」と訳しています。神のさばきを遂行する敵は、北方からやって来ることを示唆しています。「丘」は、新共同訳、フランシスコ会訳では「もろもろの丘」、岩波訳で「諸々の丘」。エルサレム北東部にある丘の部分で、そこに神殿が建てられています。

「マクテシュ区」(11節)の原語の意味は「窪地」ですが、エルサレム城内の一地区をいいます。「魚の門」や「第二区」に近い谷の低地部分で、商人たちが市場を開いていました。

神のさばきは徹底的です(12―13節)。「かす」は、ぶどう酒をつくる過程で、発酵中に容器の底にたまってくる不純物で、上のすんだ部分を他の容器にあけなければ、甘ったるいぶどう酒になってしまいます。

壊滅のメッセージ(一14―18)

2節の徹底的なさばきの宣言は、「主の日」についてのメッセージでもありました。7節、10節に「主の日」についてのメッセージが宣べられ、14節で一気にクライマックスに達します。それは「大いなる日」であり、「非常に早く来る」と、さばきの徹底性と緊迫性を示しています。「主の日」は、神の「怒りの日」でもあり、15節には、さらに二つずつ四組の形容詞で示されます。「苦難と苦悩の日」、「荒廃と滅亡の日」、「やみと暗黒の日」、「雲と暗やみの日」と。その日、敵の攻撃によって、エルサレムだけでなく、堅固な城壁や高いやぐらをもった町々も破壊されます(16節)。

エルサレムの支配者階級から始まった背信の罪は、全土に及びます。彼らの財宝も頼みになりません。さばきは徹底的で、一人も逃れられる者はいません。「たちまち」(18節)は、時間に関係するよりも、徹底性を示しています。

周辺諸国へのさばきとユダへの警告

悔い改めの勧め（二1―3）

預言者のメッセージはどれほどきびしいさばきのものであっても、人々を悔い改めに導く可能性を残しています。救われる人は選ばれた民であるからとか、信仰深い者であるからというのではなく、「へりくだる」者です。「へりくだる」（3節）の原意は「砕かれた」で、自分から謙遜の徳を身につけるというのではなく、神のみことばによって魂が砕かれた状態を意味しています。「柔和」（同節）も同じ語意で、「柔和」そのものは救いの条件にはなりません。神の前に砕かれた魂は、神に対して要求すべき何の資格も権利もないことを知っています。三つの「求めよ」という動詞によって、まず神の前に身をただすことが勧められます（マタイ六33参照）。「かくまわれる」（ゼパニヤ二3）は新共同訳では「身を守られる」で、含みの多いことばです。

ペリシテ滅亡の預言（二4―7）

4節では、ペリシテの都市の滅びが預言されています（アモス一6以下参照）。五つの都市連合（Ｉサムエル六17）のうちガテについて言われていないのは、当時すでに滅びていたためであると考えられます。それぞれの都市名と述語は、語呂合わせになっていますが、残念ながらそのおもしろさを日本語に訳出することはできません。

「海辺に住む者たち」（5節）とありますが、ペリシテ人は地中海岸沿いの肥沃な地に住んでいました。「ケレテ人」とは、ペリシテの一族のことです（エゼキエル二五16）。

神のさばきによって、人口の多いペリシテの地は荒廃しますが、そのあと「ユダの家の残りの者」が住む平和境となります（ゼパニヤ二6―7）。「残りの者」の思想はイザヤにおいて特に顕著にあらわれており、約百年後のゼパニヤにもその思想が受け継がれたわけです。

モアブ、アモン滅亡の預言（二8―11）

西のペリシテの次に、東のモアブ、アモンに対して、滅亡の預言が述べられます。この両氏族はロトの子孫として、イスラエルとは長い敵対関係の歴史をもっています。

9節に、「ソドム」と「ゴモラ」は徹底的な壊滅の表現として用いられていますが（申命二九23、イザヤ一三19）、ここでは特にロトの子孫に対する預言として深い意味をもたせています。「いらくさ」は、あざみ科の植物です。

アッシリア滅亡の預言（二12―15）

ユダを中心に、西、東から転じて南のエチオピアに滅亡の預言が及びます。このあと北に転じますが、これは、イザヤ預言の形成（諸国への託宣、一三―二三章）に似せてあります。「クシュ人」（12節）はエチオピア人の意味。エチオピアについての預言は簡単で、形式を整えるだけのもののようです。

14節のテキストは難解です。いろいろな訳があり、どれも確定的なことは言えません。ニネベの香柏で造った立派な宮殿が廃墟となり、野獣、鳥が住みつくことを描写しています。

この段落は、ナホム書の最後に描かれていたクシュ、アッシリア、ニネベの滅亡について短く表現されています。

エルサレム滅亡の預言（三1―7）

周辺諸国へのさばきのメッセージを述べた後、預言者のメッセージの対象は再びエルサレムへと向けられます。エルサレムは神によって選ばれた都でありながら、「反逆」「汚れ」「暴力」（1節）の町になってしまいました。

「呼びかけ」（2節）は特に預言者たちの声を指します。けれども、再々の敵の攻撃が、神の警告のむち、「懲らしめ」であることを悟りません。そして、「主に信頼せず」、かえって外国勢力との同盟によって国を守ろうとします（アハズの例、Ⅱ列王一六7）。「神に近づこうともしない」は、逆に異邦の神々を拝むことです（Ⅱ列王二一1―15）。

3―4節は1節の「汚れ」「暴力」の具体例で、社会の指導者たちは腐敗し、人々を導く代わりに彼らを苦しめます。

さばきのメッセージの中で、義と公正に満ちた主なる神の存在を告げ、そのことによって、不義な者は目ざめるべきなのですが、彼らは耳を傾けて聞こうとせず、悔い改めず、恥をいよいよ増すことになってしまいます。

それでも、神は徹底的なさばきを通じて、悔い改めへの期待をもっておられます。にもかかわらず、エルサレムの人々はなおもその悪行を積み重ねます。

主の日における救い

新しい民への呼びかけ（三8―10）

選民イスラエルとエルサレムの市民は、再々の預言者の警告にも耳を傾けないので、滅亡の日を待つのみですが、神は、徹底的なさばきの中にも、なおご自分の民を残しておられます。それは、肉によるイスラエル、地上のエルサレムの民でなく、新しく創造された民です。8節の「待て」という呼びかけ自体の中に、神が新しい民に向かって語りかけておられることが示唆されています。
9―10節の預言は、ペンテコステの日に聖霊が注がれて、新し

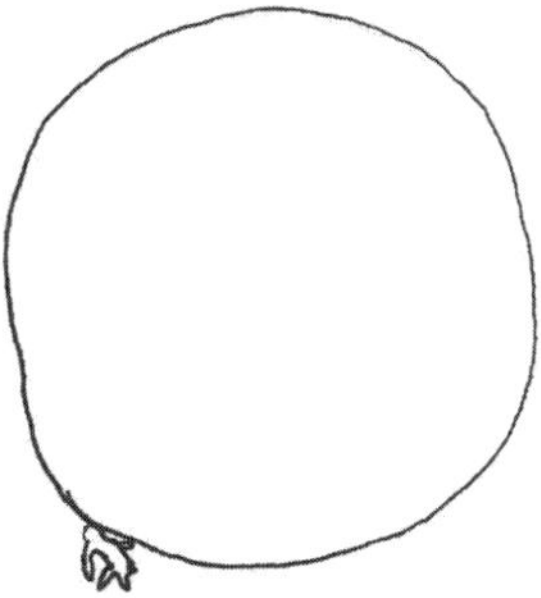

い民・教会が誕生することによって成就しました（使徒二章、八27以下）。

イスラエルの残りの者（三11―13）

ここは、ゼパニヤ書全体で最も重要な部分であると言われています。12節「残すす」、13節「残りの者」の語根動詞は「シャーアル」で、「残りの者」を表す旧約の三大用語のうちで最も重要なものです。旧約聖書中動詞形で一三一回用いられ、名詞形で二六回用いられています。ここのほかに二章9節でも同じことばが用いられています。

「残りの者」の思想は、イザヤにおいて顕著にあらわれ、彼は長男に「シェアル・ヤシュブ」（イザヤ七3）と名づけましたが、「残りの者は（さばきの後に）帰って来る」という意味です。「残りの者」は、神の徹底的なさばきの中で幸運に生き残った者でなく（たとえ表面的には、そのように見えても）、実際は、神の恩寵によって新しく創造された民のことです。彼らは、「へりくだった」「寄るべのない」民で、「不正を行わず」「偽りを言わない」「欺きの舌はない」人々です。その土台は「ただ主の御名に身を避け」ます。

シオンの喜びと賛美（三14―20）

シオン、イスラエルは、神によって残された新しい都、新しい民で、彼らの生活の土台は賛美であり、感謝です（詩篇一〇三篇参照）。そして新しい都と民にとって最大の保証は、イスラエルの王、主が彼らのうちにおられることです（イザヤ七14参照）。

旧約の神は、抽象的な神概念ではなく、具体的な状況の中に生きて働かれる神です。特に危機的な状況において「恐れるな」と呼びかけ（ゼパニヤ三16、出エジプト一四13、ヨシュア一9、イザヤ七4、Ⅱ歴代二〇15など）、信仰者がそれに応答するかどうかの決断を通して、ご自分を現される神です。

17節の「その愛によって安らぎを与える」は、文字どおりには「愛のうちに沈黙される」です。愛の絶頂はいったん沈黙となり、そして次の瞬間、爆発的に「喜ばれ」ます。新共同訳、「愛によってお前を新たにし」は七十人訳に従っています。

18―20節でゼパニヤは、神の徹底的なさばきの日の彼方にある回復と喜びの日を、神ご自身の約束のことばとして述べて、この預言を閉じています。

ハガイ書

執筆背景と著者について

　預言者ハガイについては、系譜や出身地について何も言われていません。おそらくハガイは前五八六年に、ネブカデネザルによって破壊されたソロモンの第一神殿を見ていたのではないかと思われます（二3）。そうだとすれば、神殿再建の預言を始めた時には、八十歳をはるかに超えた老人であったことになります。

　ユダヤ人の伝承によれば、ハガイは生涯の大部分をバビロンで過ごし、エゼキエルに協力した預言者です。彼の名は、前五三七年の第一回エルサレム帰還者の指導者のリストに載っていないので、その時は、バビロンにとどまったと思われます。そしてエルサレムに帰還した時は、八十歳近かったので、ひっそりと過ごしていたのでしょう。しかし、神殿工事が中止され、十年経ち、十五年経ち、人々がそれを当たり前のように生活しているのを見て、立ち上がりました。彼の預言が短期間に終わっているのは、そのためでしょう。

ハガイという名は、「私の祭り」とか「ヤハウェの祭り」という意味で、何かの祝祭日と関係してつけられたと考えられます。

前五三八年、クロス王の三年、王は捕囚のユダヤ人に対して、エルサレムに帰って神殿を建設する許可を出しました。七、三三七人のしもべ、はしためと、二〇〇人の歌うたう男女を連れた四二、三六〇人のユダヤ人たちは、王より与えられた多くの財宝を持ってエルサレムに帰還します（エズラ一—二章）。彼らの総督はゼルバベル（別名シェシュバツァル）、大祭司はヨシュアでした。

彼らが最初にしたことは、祭壇を築き、犠牲をささげ、また祝祭日を守ることでした。翌年、神殿再建の工事が始められました。しかし、サマリア周辺の住人たちは、この工事に協力を申し出を断られると、その進展を妨害しました。彼らは、前七二一年、アッシリアによって北イスラエルが滅ぼされた後、エサル・ハドンがバビロン、クタ、アワ、ハマテなどから連れて来て住まわせた異邦人で（Ⅱ列王一七24、エズラ四2）、イスラエルの祭司からヤハウェ信仰を学ぶ一方、以前からの神々も拝んで混合宗教の立場をとっていました。ゼルバベルとヨシュアは、信仰の純粋性を保つため、彼らの申し出を断りました。それで、サマリア周辺の住人たちはいろいろな悪巧みと脅かしをもって再建工事を妨害し、中止に追い込んだのです（エズラ四1—5）。

クロス王が死んで、その子カンビュセスが王位につきましたが、彼の治世中は（前五二九—五二一年）エジプトとの戦いに忙しく、ユダヤ人のことにかまっていられなかったと思われます。

王位簒奪者にバルディアが短期間統治したのち、ダリヨスが前五二一年王位につきました。ハガイは、神の時の来たことを啓示され、神殿再建の預言を始め、ゼカリヤもまたこれに協力しました。

神殿は、五二〇年に再建工事が再開され、五一五年に完成します。その時の模様は、エズラ記五―六章に記されています。

ハガイのメッセージ

ハガイ書はメッセージの内容は、明白な日付をつけて述べられています。ダリヨスの第二年である前五二〇年の後半の四か月です。

ハガイ書は四つの区分に分けられます。

①一章1―15節　この部分はダリヨスの第二年の六月一日に述べられました（八月か九月）。この預言の結果、六月二十四日に神殿工事を再開しました。

②二章1―9節　第二の預言は、第七月の二十一日（九月か十月）。

③二章10―19節　第三の預言は、さらに二か月後の第九月の二十四日（十一月か十二月）。

④二章20―23節　最後の預言が同日に与えられました。

文体は、民に対して問いかける文体で、疑問詞が多く使われています（一4、9、二3、12、

13、19）。また「あなたがた……よく考えよ」（一5、7、二15）、「強くあれ」（二4）など、メッセージと関係した繰り返しがあります。また、神名としては、主（ヤハウェ）とともに万軍の主ということばがよく用いられ（一2、7、9、14、二4、6、7、8、9、11、23）、神の大能が強調されています。

ハガイのメッセージは神殿工事に集中しています。十七年前、エルサレムに帰還したばかりのユダヤ人が神殿工事を再開したとき、心は感謝と喜びにあふれ、希望と勇気に満ちていました。しかし、周囲の敵の激しい妨害に遭って、希望はたちまち失望に変わり、工事再開の目途は立たなくなってしまいました。五年経ち、十年経ったとき、彼らの心にはもうだめかという絶望感とともに、神よりも自分の生活を大切にする世俗主義が入り込むようになりました。また、神のことと、この世のことを混同する折衷主義が入ってきました。このような状況を打ち破るためには、外からのインパクトが必要でした。

ハガイは、あまり名も知られず、しかも高齢でしたが、神の霊に動かされて立ち上がり、警告と励ましを与え、工事を再開させました。そこには、単なることばによる勧めだけでなく、「時」を見分ける判断力と、預言に伴う「しるし」が与えられていました（二18―19）。しかし何よりも大切なことは、この神殿工事を通じて神の国

建設の真理を見抜いて、それをメッセージとして伝達し得たことです。

ネブカデネザルが滅ぼした神殿は、大きさは奥行一〇〇キュビト（約四五メートル）、幅五〇キュビト（約二二・五メートル）、高さ三〇キュビト（約一三・五メートル）の長方形で、それほど大きなものではありませんでしたが、用材はレバノンの香柏で、金ですべてを覆い、調度品や器具に金銀をふんだんに使っていました。バビロンから帰還したイスラエル人が建てようとした神殿は、規模も小さく、何よりも用材や金銀が十分でなく、第一神殿を見た者には「無いに等しい」（二3）貧弱なものでした。しかし、このみすぼらしい神殿の栄光は、第一神殿の栄光よりもまさっている、とハガイは預言しました（同9節）。すなわち、目に見えるところはみすぼらしくても、すべてを所有される万軍の主が命じて、その助けによって造られたものは、豪華なソロモンの神殿にまさるというのです。

パウロは言っています。

「私たちの住まいである地上の幕屋がこわれても、神の下さる建物があることを、私たちは知っています。それは、人の手によらない、天にある永遠の家です」（Ⅱコリント五1）。

パウロは、肉体を幕屋にたとえています。彼がこのことばを語ったのは、五十歳を過ぎた初老のころでしょう。白髪も増え、目も弱くなり、足腰の衰えを感じ始めていた時です。彼には大きな持病もありました（同一二7）。この肉体的弱さを通じて、パウロは、遊牧民の幕屋が歳月が経つにつれ使い古され、やがて取り壊される経過を、古びてゆく自分の身体に類比させ、そこから神が用意される永遠の朽ちることのない建築物へと思いを引き上げていきました。彼は、「見えるものにではなく、見えないものに」目を留めました（同四18）。

エルサレムの第一神殿の崩壊、捕囚の悲劇を経験し、人生のさまざまの労苦を経験し、肉体の終わりを感じる老年ハガイにとって、第二神殿を築くということは、単に第一神殿の代替品をつくるということではありませんでした。第一神殿と比較して、みすぼらしさを嘆くこともありませんでした。なぜなら、彼もまたパウロと同じく、選民イスラエルの悲劇と自分の人生体験を通して、見えるものにではなく、見えないものに目を留めることができたからです。地上の建物よりも、信仰と希望こそ、老い先短いハガイにとって最も価値のあるものでした。

それにもかかわらず、彼はまた、今、目の前にある神殿再建工事を軽視することもありませんでした。いや、自分のそんな状況のゆえにこそ、再建工事に全力を注がねばならなかったのです。パウロもコリント人への手紙第二を書いてから十年ほど生き、殉教の死を遂げますが、上なる永遠の家を求めつつも、幕屋に住む限りその一日一日を精一杯生き抜きました。自分の最期の日に至るまで、老いた身体に鞭打ちつつ（Ⅰコリント九24―27）、前のものに向かってひたすら走り抜いたのです（ピリピ三12―14）。

幕屋に住む精一杯の生き方は、永遠の家を築く保証にはなりません。家はあくまで上から与えられる賜物です。それにもかかわらず、幕屋に住む一日一日は尊いものです。ここに信仰生活のパラドックスがあります。ハガイの場合も、彼が第二神殿を、目に見えるレベルにおいて第一神殿にまさるものと考えたわけではありませんでした。ましてや永遠に続くものとしても考えていませんでした。それでも、神が「これを建てよ」と命じられるとき、それは、何よりもすばらしい神殿となるのです。「この宮のこれから後の栄光は、先のものよりまさろう」（ハガイ二9）。そして建物だけでなく、人の中にもそれを見たのです（同23節）。

第一のメッセージと神殿工事の再開

「神の時」と「人の時」（一1―6）

「ダリヨス王の第二年の第六の月の一日」（1節）。ダリヨスは前五二一年より四八六年まで統治しました。六月は、バビロン暦による六月で、今日の暦だと八月終わりから九月になります。工事にかかるためには雨のない暑さの厳しい夏が過ぎてからが良いのです。「一日」は、新月の祭りの日で、多くの人が神殿工事場に設けられていた祭壇の場所に集まって来たため、預言を伝えるのに好都合でした。

「ゼルバベル」はユダの王エホヤキムの孫（I歴代三16）で、別名シェシュバツァル（エズラ一8）といいました。歴代誌第一、三章19節によれば、ゼルバベルはペダヤの子になっていますが、「子」ということばは必ずしも実子と考える必要はなく、母が再婚して連れ子をするとか、養子縁組による場合など、いろいろの可能性があります。

「大祭司ヨシュア」は、バビロン捕囚に連れて行かれた大祭司エホツァダクの子（Ｉ歴代六15）で、また、祖父、大祭司セラヤはネブカデネザルによって殺されました（Ⅱ列王二五18、21）。

神殿再建工事をストップされた民は、十六年間のうちに、再建工事が中止された状態を普通の状態であると思い込んでしまいました。人間の側から判断するとき、神のために活動する「時はまだ来ない」（ハガイ一2）といつも言っていなければなりません。「人の時」と「神の時」を判断する基準、能力はまったく違っています。

預言は、まずゼルバベルとヨシュアに向けられましたが、しばらく間をおいた後、民全体に向かって語りかけられました（同3節）。

民に対する警告の預言は疑問詞で始まります。「板張りの家」（4節）とありますが、普通のイスラエル人は、約三メートル四方の箱型で、土台を石で固め、ありあわせの木や細枝で梁や屋根の支えをつくり、しっくいで塗り固めた粗末な一室だけの家に住んでいました。ですから、ここで「板」を使っていることは特別のぜいたくでした。

「あなたがた……よく考えよ」ということばは、ハガイ書に四回（一5、7、二15、18）出てきます。神は人間を自由な存在として扱われるので、悔い改めも神のための奉仕も自発的なものでなければなりません。人生の不幸や病気は、しばしば愚痴の対象であったり、失望落胆の原因でしかありませんが、霊的な目をもった信仰者は、神が何をそこから語ろうとしておられるのかを聞き分けます。この場合は、エルサレムに住んだ人たちの貧しさと窮乏が、神第一の生活を忘れた結果であると悟ることが重要です。

自己中心の生活の結果（一7―11）

7節は5節の繰り返しです。重要な勧めは繰り返されます。繰り返しによって霊的覚醒は強められます。

エルサレム近辺の山には森があり、材木を切り出すことができました（ネヘミヤ二8、八15参照）。

「栄光を現そう」（ハガイ一8）はいろいろな訳ができることばです。新共同訳は「栄光を受ける」。神が栄光を現す主体ととるよりも、民が預言者の声に聞き従い、神の宮を建て始めることを通して、神に栄光が帰されるようになるととるほうが自然でしょう。

9節の「それはなぜか」は、民に心から反省を促す疑問詞です。長期的不作は、天候や人為的努力の不足が原因であると考え、人はますます神のことを忘れて、自分のことに一生懸命になりますが、本当はまず神に立ち返らなければならないのです（マタイ六33）。

前五三七年に、神殿工事が周囲の敵の妨害によって中止に追い込まれたとき、民の心はまだ自分の生活中心になっていなかったと思われます。それがいつのまにか自分の生活中心主義になり、神はそれを懲らしめ、警告するために、農作物をはじめ、いっさいの生活に窮乏をきたらせました。それでも、民の心はそれを悟ることがありませんでした。今、ハガイは、そのことをはっきりと告げます。

神殿工事の再開（一12―15）

「聞き従った」（12節）は原文では文頭にあることばで、すべての出発は、神のことばに聞き従うところから始まることを象徴しています。

「民のすべての残りの者」（同節）とはゼルバベルとヨシュア以外のすべての者のことで、今一つの解釈は、バビロン捕囚から帰って来た人々のことです。イザヤによって強調された「残りの者」の思想を言外に含ませているのかもしれません（イザヤ一9、四3、一〇20―22など）。

「主の前に恐れた」（ハガイ一12）とあります。みことばに聞き従うときに、心は砕かれ、自分たちの自己中心的な態度に反省が起こり、今までの不幸は、実は神が警告として与えた鞭であることがわかり、心は神への恐れで満たされるのです。

そして、悔い改めて、神の前に砕けた魂に必要なのは励ましです。最大の励ましは「神が共にいてくださる」という事実を知らされることです（13節）。

神の臨在のそのメッセージに伴って、聖霊が彼らの心を揺り動かしました（エズラ一5参照）。「第六の月の二十四日」（ハガイ一15）。最初ハガイが預言し始めてから三週間ほどが経っていますが、一章のハガイの預言がすべてではなく、預言が浸透するのにもかなり時間がかかったと考えられます。また、再建工事の準備期間も必要でした。時期的にいっても暑さが過ぎたころになります。

第二のメッセージと第二神殿の栄光

工事の励まし（二1―5）

「第七の月の二十一日」は仮庵の祭りの第七日で、最終日（レビ二三34）にあたります。収穫の感謝をささげる日でした。主の霊に動かされて、再建工事を始めた民でしたが、一か月近く経って疲れと失望感が襲ってきました。

「以前の栄光の輝くこの宮」（ハガイ二3）とありますが、ソロモンの神殿が前五八七年に壊されてから七十年が経っていました。ここでは「だれか」「どう見ているのか」「無いに等しいのではないか」と三つの疑問詞が繰り返されています。ソロモンの神殿を見たことのある老人は、十七年前に工事が再開された時も大声をあげて泣きました（エズラ三12）。さらに十七年経って、人々はさらに年をとり、また生き残った者も少なくなっていたと思われます。

原文には、ハガイ書二4節の最初に「しかし」または「今」という転換を示す接頭辞があります。目に見えるみじめな状況に一八〇度転機をきたらせるのは、神の語りかけである「しかし」なのです。

そして、「強くあれ」が三回繰り返されます。まずゼルバベルに、そしてヨシュアに、次いで民に語りかけられます。「仕事に取りかかれ。わたしがあなたがたとともにいるからだ」ということばは、すべてに対して向けられています。神の臨在信仰や恩寵信仰は、人間を無為や怠惰において置くものではなく、絶望や失意の中でも、なお勇気をもって神の工事のために全力を尽くして働く動機づけを与えるものです。

信仰と献身の根拠は、いつも見えるところによらず、神のことばと神の霊によります。神のことばは、契約のことばで、シナイ契約だけでなく、広い意味で、カナンの地を与え、カナンにおいて民を祝福すると約束されたことばです。

そこで、「恐れるな」(5節)と語りかけられます。旧約の神は抽象概念で知られる神でなく、危機的な状況においても、働き救う神です。主が戦われるから、神の民は恐れる必要がないのです。出エジプトにおいて(出エジプト一四13)、またその後のすべての危機的な状況の中で、神は、「恐れるな」という民への語りかけを通して信仰的決断を迫られます(申命二〇3、Ⅱ歴代二〇15、イザヤ七4、ヨエル二21)。神の工事のためには、神の民の心から、まず恐れが取り除かれていなければなりません。

第二神殿の栄光(二6—9)

6節に「しばらくして」とあります。ペルシャ王国の統治もしばらくであって、また動乱時代が来ると預言されます。しかもそれは天変地異を伴うといいます。神殿建設は、神が喜び、神がこれによって栄光を現されるものですが（一8）、その工事そのものは全地に及ぶ神の大能のわざに比べれば、ものの数ではありません。しかし、神がそれを命じ、神がそれを喜ぶとおっしゃるので、工事がどんなに小さなものであっても、そこには無限の価値が秘められています。見せかけのみすぼらしさや工事の困難性は、神の約束のことば、「しばらくして」に支えられているならば、工事の手を休めたり失望したりする理由にならないのです。

「すべての国々の宝物」も「銀」も「金」も「わたしのもの」（7―8節）と言われる神が与えてくださるのですから、神の奉仕にあずかる者は、何ものにも欠けることがありません（Ⅱコリント九8）。

第三のメッセージと神の祝福の奥義

聖別の重要性（二10―14）

「第九の月の二十四日」（10節）は現在の暦の十一月で、秋の雨が降りだし、寒さを感じ始めるころです。第二のメッセージと第三のメッセージの間に、ゼカリヤも預言を始めています（ゼカリヤ一1）。六月二十四日に工事を始めてから三か月、民は絶えず預言のことばによって励まされ、神の奉仕のわざと信仰生活の意味について理解を深めてゆく必要がありました。

11節以下は、聖と汚れについて祭司に問う形をとっていますが、実際には聞く必要もないようなわかりやすい聖と汚れの区別についての質問です。むしろこのような問答形式を通して、神殿工事に従事している民と、彼らを指導すべき責任をもつ祭司たちに、警告と自覚とを与えています。

問いの内容は、聖さの伝達は、直接的接触によってのみ可能になり（ハガイ二12、レビ六27）、聖さの伝達と反対、汚れの伝達は、間接的接触によっても可能である（ハガイ二13、レビ一九22）というものです。

六月二十四日に工事が再開される前に、民は神の工事よりも自分たちの生活を優先させていました。工事が始まってからは、自分の生活と神の奉仕のわざを半々にするというような折衷主義が入ってきたようです。しかし、世俗のことに心が向いていながら、一部だけ神のわざに手をつけようとするような中途半端なものは、神の目に喜ばれるものとはなりえません。神は絶対的な献身を要求されます（マタイ一九21、使徒五2参照）。反対に、神への思いも、しばしば、小さな汚れや罪から崩れてゆきます。少しの妥協が神殿工事再建事業の全生活設計を破壊していくことをハガイは警告します。

おそらく秋の麦の種蒔きも終わり、翌年の天候や収穫についての不安があったに違いありません。そして、神へのささげ物を、思い切って最良のものをささげるということよりも、自分の生活手段と蓄えを天秤にかけた中途半端なものだったのでしょう。

信仰のみ、恩寵のみ（二15—19）

一章5、7節と同じ表現で、原文では15節の初めに「今、よく考えよ」と出ています。ハガイが預言を始め、悔い改めて工事を再開する前に、彼らはひたすら自分のことのみに一生懸命でしたが、十分の成果をあげることができませんでした。今、工事を再開して三か月、彼らは不安と疲れの中で、妥協や折衷主義から、以前の世俗主義へ帰ってしまう危険性をはらんでいました（民数一一4—6参照）。そして、ハガイが預言を語りだすまで、人々は災害の背後にある神のさばきと警告の意味を理解することができませんでした。

そして18節の文頭に、もう一度「よく考えよ」が置かれて、民に深い反省を促しています（一5、7、二15）。また、この節の最後にも「よく考えよ」が繰り返されています。

「主の神殿の礎が据えられた日」は、前五三六年よりも（エズラ三10、12、五16）、工事が再開された六月二十四日を指すという解釈が普通です。しかし、前五三六年から工事再開までのことを考えながら、きょう、すなわち、九月二十四日から後のことを心に留めよというように解釈することも可能でしょう。

19節では、再び疑問形をもって、民に反省を促しています。工事を再開してからもまだ、穀物は納屋のうちに十分ありませんでした。また、果物の木も実を結んでいません。しかし、過去の十七年間と比較するとき、さばきとしての天災や迫害はありませんでした。それゆえ、豊かではなくても、まだ何もない状態の中に、民は信仰をもって神の祝福の御手が働きかけていることを見なければなりませんでした。何よりも三か月間、無難に神の工事を続け得たことへの感謝です（注＝神殿工事の完成は五年後の前五一五年）。

そしてハガイは、「この日から」具体的に恵みを与えるという約束のことばをもって締めくくっています。神の恩寵の初めと基礎は約束のことばであって、信仰のみがそれを把握させることができます。ハガイの預言が九月二十四日に終わり、その後、実際に作物が十分与えられたかどうかの記録はありません。ハガイ書自体は、その意味で、「信仰のみ、恩寵のみ」のモットーで閉じられていると言えるでしょう。

第四のメッセージ、主の選んだ人

第三のメッセージと同じ日に、まったく違った種類のメッセージがゼルバベルひとりに向けられます（二20―23）。

ここでは、神殿はもはや問題ではなくなっています。後になって、第二神殿は壊され、ヘロデの大神殿も破壊されました。神殿工事の意味は、神が命じ、神が栄光を現すと約束されたところにあります。しかし、結局のところ、神は地上の建物にお住みにはなりません（Ｉ列王八27）。ハガイの第四のメッセージはここで大きく飛躍し、建物から人へと焦点があてられていきます。それはエホヤキムの孫ゼルバベルでした（一1）。彼はダビデの裔であり、ゼルバベルを経て、メシアが生まれます（マタイ一12、ルカ三27）。しかしエホヤキムの孫といっても多くの者がいて、そこに選びの重要性があります。

こうして、神殿工事のリーダーシップをとるゼルバベルは、自分のなしている仕事よりも、自分自身のほうが重要であることを告知されます。しかし、それは彼自身の価値によるのではなく、神の選びによります。そしてその選びは、ダビデの裔から神の永遠の御国が建てられるという約束のことばによります（Ⅱサムエル七24―29）。

ハガイの預言は、こうして具体的な神殿工事継続の励ましから、選びの人ゼルバベルを通してのダビデの裔メシアによる永遠の御国への約束と希望のメッセージで閉じられます。

ゼカリヤ書

著者について

ゼカリヤはゼカリヤ書の著者と考えられていますが、この人について、ここに記されている以外にはあまり情報がありません。一章1節と7節では「イドの子ベレクヤの子」とされていますが、エズラ記五章1節や六章14節では「イドの子」と呼ばれています。そのため、一応、イドはゼカリヤの祖父であると考えられます。ただし旧約の系図が必ずしも、子の父、その祖父という順序で記すわけではありません。イドという名前は、バビロンから帰還した祭司たちの中に見られます（ネヘミヤ一二4）。同じネヘミヤ記一二章16節にイド族の長としてゼカリヤの名前が記されています。この人物と同一であるかもしれないので、ゼカリヤが祭司の家系の出身である可能性はあります。

七十余年の長い期間、捕囚の民としてバビロンで過ごしたイスラエルの民は、神の約束のとおり、母国ユダの地に帰還させられました。帰還後、祖国再建と神殿再建を課題とする民とともに働いたのが、預言者ゼカリヤでした。ゼカリヤは、再建が遅々として進まない民を励ました預言者ハガイのあとを受け、同じように、国家の再建と神殿の再建にあたる民を励ましました。

八つの幻

ゼカリヤは八つの幻をメッセージとして預言することで、ゼルバベルと大祭司ヨシュアを励まし、神の民イスラエルのあるべき姿を自覚させ、工事の完成に至らせました。これら八つの幻を貫く思想は、「わたしに帰れ。――万軍の主の御告げ――そうすれば、わたしもあなたがたに帰る」（ゼカリヤ一3）です。工事を完成するために必要なのは、設計図や材料、熟練した技術ではなく、何よりも神に対する悔い改めであり、神の守りと導きでした。

第一の幻　地を行き巡る御使いとエルサレムの回復（一7―17）

「ダリヨスの第二年のシェバテの月である第十一の月の二十四日に、イドの子ベレクヤの子、預言者ゼカリヤに、次のような主のことばがあった」（7節）。

「ダリヨスの第二年」は紀元前五一九―五二〇年ごろと考えられています。「シェバテの月」はバビロニア暦に由来する第十一の月の呼び名で、現在の一月中旬から二月中旬にあたります。

新共同訳と岩波訳はゼカリヤがイドの孫にあたると解釈しています。また岩波訳は「ゼカリヤ」はアラム語形の名前であり、「ヤハウェは覚え給う」の意味であるとしています。「覚える」（ザーカル）から来ている名前だと解釈しているようです。「ベレクヤ」「ゼカリヤ」は原文では「ベレクヤー」「ゼカルヤー」ですが、七十人訳ではこの呼び名を用いています。マタイの福音書二三章35節ではこの七十人訳の呼び名を用いています。

「夜、私が見ると、なんと、ひとりの人が赤い馬に乗っていた。その人は谷底にあるミルトスの木の間に立っていた。彼のうしろに、赤や、栗毛や、白い馬がいた」（8節）。

ゼカリヤは暗い闇の時間に八つの幻を見ました。昼と夜は、光と闇の対立に呼応し、夜は秘密に満ちて不気味であるとともに、重要な意味をもつと考えられてきました。イザヤ書二六章9節では「私のたましいは、夜あなたを慕います。まことに、私の内なる霊はあなたを切に求めます」と、夜は通常、心の内に隠されている思いが開かれる時であると記されています。

「ミルトス」は、その葉をこすると独特の香りがする常緑低木で、ほっそりと優雅な木です。ローマの戦士は遠征から無事に帰還すると、ミルトスの冠を戴きました。主の御使いは「谷底にあるミルトスの木の間に立っていた」とあります。ここでは主の御使いの喜ばしい性格を暗示しています。

「主の使いは答えて言った。『万軍の主よ。いつまで、あなたはエルサレムとユダの町々に、あわれみを施されないのですか。あなたがのろって、七十年になります』」（12節）。

「あわれみを施されない」は、「愛する」を意味する動詞に否定辞が付いたものです。「のろって」は「怒る」の意味もある動詞で、主語は二人称単数男性です。この形ではここだけに用いられています。

一章13節で主は「良いことば」「慰めのことば」で答えられました。その内容は「主の怒り」についてです（14節以下）。

「七十年」には「この」を表す指示代名詞がついていて、直近までの七十年を指します。七十年という期間はエレミヤ書二五章11節、二九章10節にも登場します。その期間と同じなのか、それともう少し後の出来事なのかは不明です。いずれにしても、一人の人の生涯にもあたる七十年という長い年月、主が顧みてくださらないと思っていた民の嘆きと、それに対して厳しいことばでご自分の愛を表現される主とのやりとりが、ここにつづられています。

第二の幻　四つの角と四人の職人、ユダの敵の粉砕（一18―21）

この部分はBHSでは二章の始まりになっています（二1―4）。新共同訳、岩波訳、フランシスコ会訳はBHSと同じ区切り方をしています。

「角」は本来強力な若牛の角を意味し、無敵と考えられる強力性を示しています。「四つ」は「四方」すなわち「世界」を示しています。捕囚から帰還した民を圧迫するものがあれば滅ぼさなければならない、とこの幻は示しています。

第三の幻　測り綱、エルサレムへの神の守り（二1―13）

二章8節

〈新改訳〉

主の栄光が、あなたがたを略奪した国々に私を遣わして後、万軍の主はこう仰せられる。

「あなたがたに触れる者は、わたしのひとみに触れる者だ。」

〈新共同訳〉（二12）

栄光によってわたしを遣わされた、万軍の主が

あなたたちを略奪した国々に、こう言われる。

あなたたちに触れる者は

わたしの目の瞳に触れる者だ。

〈岩波訳〉（二12）

まことに、栄光を背後に、万軍のヤハウェは、

あなたがたを掠奪した諸国民に、私を遣わし、

こう言われた、

「まことに、あなたがたに触れる者は、

わが目のひとみに触れる者だ」。

〈フランシスコ会訳〉（二12）

栄光によって、わたしを遣わされた万軍の主はお前たちを略奪した国々についてこう仰せになる、「お前たちに触れる者はわたしの瞳に触れる」。

先述したように、新改訳では、ＢＨＳの二章1―4節を一章18―21節としています。他の三つの翻訳はＢＨＳと同じ章節を用いているため、この節は新改訳では二章8節、他の三つでは二章12節となっています。

「わたしのひとみ」は原文では「彼のひとみ」です。「彼のひとみ」となっているのは、神の目に触れることは神に対する不遜であると考えた筆記者が、「わたし」を「彼」に書き換えたものと考えられます。これはティクネー・ソーフェリーム（Tiq soph）と言って、マソラ本文中に神についてつまずきを与える表現を修正したものです。「彼のひとみ」は旧約聖書に九回登場します（出エジプト一一26、レビ一三55、申命二八54、三二10、三四7、ゼカリヤ二12、ヨブ一八10、箴言二三31、伝道者四8）。このうち主の目を指しているのはゼカリヤ書と申命記三二章10節です。ゼカリヤ書では「わたしのひとみ」に修正するようＢＨＳに指示があります。ＢＨＳは、申命記三二章がモーセの歌であるのに対し、ゼカリヤ書二章8節は主ご自身のことばと解釈しているのです。神の民イスラエルは圧迫を加えられても、主はその苦しみをお見逃しにはならず、顧みてくださいます。

第四の幻　大祭司ヨシュアの復位――きよめと若枝の来臨（三1―10）

二章に続いてゼカリヤに示された幻の啓示が述べられています。この幻は天上の会議、または神殿におけるものと考えられます。捕囚からの帰還に伴うエルサレム神殿の再建によって必要となった祭司職が回復される内容です。また三章8節、「わたしは、わたしのしもべ、一つの若枝を来させる」との預言は、ダビデ王朝の再建と、それを存続させるべき救い主的人物を指している重要なものです（イザヤ一一1、エレミヤ二三5、エゼキエル一七22参照）。

第五の幻　メノラー、金の燭台と二本のオリーブの木、神殿完成の預言（四1―14）

四章6節

〈新改訳〉
すると彼は、私に答えてこう言った。「これは、ゼルバベルへの主のことばだ。『権力によらず、能力によらず、わたしの霊によって』と万軍の主は仰せられる。」

〈新共同訳〉
彼は答えて、わたしに言った。
「これがゼルバベルに向けられた主の言葉である。
武力によらず、権力によらず
ただわが霊によって、と万軍の主は言われる。」

〈岩波訳〉

彼は答えて、私に言った、
「これは、ゼルバベルに対するヤハウェの言葉で、
『武力によらず、権力によらず、わが霊によってである』〔という意味だ〕。
――万軍のヤハウェは〔こう〕言われた――」

〈フランシスコ会訳〉

彼は答えて言った、「これはゼルバベルに対する主の言葉だ。『武力によらず、権力によらず、むしろわたしの霊による』と万軍の主は仰せになる」。

第五の幻は、神の民がその使命を達成する力の根源についてです。幻の内容は、金の燭台と、そのそばにある二本のオリーブの木です。この幻の背景には、着手した神殿再建が完成するのかを危ぶむ空気があったようで、それに対して神がその完成を保証し、それは人間側の力によるのではなく、神の霊によることを告げます。

この節には御使いの語ったことばが記されています。BHSはこの節を四行に改行しており、岩波訳はBHSの区切りに応じて訳しています。原文では「〜と言われる」を意味する「レーモール」が二回繰り返されています。また、「権力によらず、能力によらず」のところに、「ロー」という否定辞が二回続いています。同じ語が繰り返されることによって、対比がしやすくなり、理解を助けています。

新改訳で「権力」と訳されていることばには、「武力」「富」の意味があります。「能力」と訳

されていることばは身体的能力、知的能力を含みます。主は金の燭台の意味を、そういった力によってではなく、「わたしの霊」つまり、神の霊によってであると説明しました。この部分はエペソ人への手紙六章17節に通じる内容です。信仰者はまず神の霊により強められ、使命を受け、方向づけられる必要がある、この節は、信仰者にそのことを思い起こさせ、励ましています。

第六の幻　空飛ぶ巻き物――律法預言者へののろい（五1―4）

第四、第五の幻が指導者たちに関するものであるのに対して、第六、第七の幻は民の中からの罪の除去についてです。黙示的表現が用いられており、第六の幻の中心は巻き物です。長さ二〇キュビト、幅一〇キュビトとある巻き物の大きさは、約九メートルと約四・五メートルです。巻き物としては非常に幅が広く、ソロモンの神殿の玄関口と同じです（I列王六3参照）。ゼカリヤの見た空飛ぶ巻き物は、全世界に及ぶ神の審判としてののろいであることが告げられます（ゼカリヤ五3）。神のさばきの激しさは、神が聖さを求め、汚れを排除なさることを示しています。

第七の幻　エパ升――罪悪の除去（五5―11）

五章6節

〈新改訳〉

私が、「それは何ですか」と尋ねると、彼は言った。「これは、出て行くエパ枡だ。」そして言った。「これは、全地にある彼らの罪だ。」

〈新共同訳〉

わたしが、「それは何ですか」と尋ねると、彼は、「そこに出て来たのはエファ升である」と答え、「それは全地を見る彼らの目である」と言った。

〈岩波訳〉

私は言った、「それは何ですか」。

彼は〔答えて〕言った、

「そこに出て来たのはエファ〔升〕である」。

そして彼は言った、「これが全地にある彼らの目である」。

〈フランシスコ会訳〉

わたしが、「それは何ですか」と尋ねると、彼は、「そこに出てきたものはエファ升だ」と答え、さらに言った、「これは全地にある彼らの罪だ」。

第七の幻の中心は「エパ升」です。「エパ升」は穀物を測るための樽で、約二〇リットルです。エパ升は不正の象徴として用いられています（アモス八5）。新改訳とフランシスコ会訳で「彼らの罪だ」と訳されているのは、原文では「彼らの目である」です。「罪」と「目」は子音字が一つ異なるだけです。七十人訳およびシリア語訳では「彼らの罪だ」に読み替えられています。新共同訳と岩波訳は原文どおりに訳し、新改訳とフランシスコ会訳は七十人訳に従っているわけです。フランシスコ会訳はその注に「本訳は1―5章までの構成を考慮に入れたうえで、七十人訳とシリア語訳に従った」とあります。原文どおり「彼らの目である」と読んだ場合、彼らの目は不正なエパ升のように、正しい尺度をもたない目であるという解釈が考えられます。

第八の幻　四台の戦車――全地の支配（六1―8）

六章6節

〈新改訳〉

そのうち、黒い馬は北の地へ出て行き、白い馬はそのあとに出て行き、まだら毛の馬は南の地へ出て行く。

〈新共同訳〉

その中の黒い馬は北の国に向かって出て行き、白い馬は西の方へ出て行き、まだらの馬は南の国に向かって出て行く。

〈岩波訳〉

その中で、〔赤い馬たちは東の地に向かい、〕黒い馬たちは北の地に向かい、白い馬たちは西の地に向かい、まだらの馬たちは南の地に向かって出て行く。

〈フランシスコ会訳〉

黒い馬は北の地へ行き、白い馬は西へ、まだらの馬は南の地へ、(七節　赤い馬は東の地へ出ていく)。

この幻は今までの一連の幻を通しての啓示をまとめる要素があると考えられています。神の世界統治を象徴し、第一の幻と共通した要素をもちます。おもな相違点は、ここでは戦争と征服を使命とする点です。神はその公義の支配を徹底するよう命令を発せられます。

6節では2―3節で述べられた四種類の馬について、すべて述べられているのではなく、その一部分だけが行き先を述べられています。2節には赤い馬について述べられていますが、ここでは述べられていません。岩波訳はBHSの提案に従って、赤い馬についての叙述を補っています。フランシスコ会訳も赤い馬について叙述していますが、これは7節の「強い者たちは出て行った」が文脈上不明瞭であるという理由で読み替えたとしています。白い馬が出て行く方向は、新改訳のように「そのあとに出て行き」が原文に近い訳です。BHSでは「海のほうへ」と読み替える提案がされています。「海」は「西」の意味もあるため、新共同訳以下三つの翻訳は「西」を採用しています。フランシスコ会訳は「四方」に出て行く馬と戦車という文脈を重視したとしています。岩波訳とフランシスコ会訳は、「赤―東」「黒―北」「白―西」「まだら―南」と、四色の馬の行き先をすべて記しています。岩波訳はその理由として「欠落していることの背後に隠された意味があるのかもしれないが、ここでは叙述のバランスを考慮に入れて補った」としています。フランシスコ会訳は「天の四方の風」という概念を重視し、「本節でも、宇宙全体に及ぶ主の支配力を間接的に強調している」としています。

このように新改訳以外では自由な読み替え、補足がなされていることがわかります。

七―八章では、神殿工事が始まって二年経ったとき、「勇気を出せ」(八9)の励ましがもう一度あったことを示しています。九―一四章は、神殿完成後の預言です。

メシアのエルサレム入城

九章9節

〈新改訳〉
シオンの娘よ。大いに喜べ。
エルサレムの娘よ。喜び叫べ。
見よ。あなたの王があなたのところに来られる。
この方は正しい方で、救いを賜り、
柔和で、ろばに乗られる。
それも、雌ろばの子の子ろばに。
〈新共同訳〉

娘シオンよ、大いに踊れ。
娘エルサレムよ、歓呼の声をあげよ。
見よ、あなたの王が来る。
彼は神に従い、勝利を与えられた者
高ぶることなく、ろばに乗って来る
雌ろばの子であるろばに乗って。
〈岩波訳〉
娘シオンよ、大いに歓べ、
娘エルサレムよ、喜びの声を上げよ。
見よ、あなたの王があなたのところにやって来る。
彼こそ義しく、勝利を得る者。
柔和な人で、ろばに、
雌ろばの子である小ろばに乗る方。
〈フランシスコ会訳〉
娘シオンよ、大いに喜べ。
娘エルサレムよ、歓呼せよ。
見よ、お前の王がお前の所に来られる。

その方は正しく、救いをもたらし、
柔和で、ろばに乗って来られる。
雌ろばの子、子ろばに乗って。

本節は、イエス・キリストのエルサレム入城の場面を記す際に、預言の成就として引用されていることばです（マタイ二一5、ヨハネ一二15）。

「シオン」「エルサレム」はいずれも町の名前で女性名詞です。その町の名前に「娘」がついて、町を人格化しています。救いの王が来られるから、喜べ、歓喜の声をあげよ、と町に向かって語っています。新改訳で「正しい方」と訳されているのは、原文では「ツァディーク」です。詩篇や箴言に多く用いられている語で、十二小預言書では九回です（アモス二6、五12、ゼパニヤ三5、ゼカリヤ九9、マラキ三18、ホセア一四9、ハバクク一4、13、二4）。

マルティン・ルターはハバクク書二章4節とローマ人への手紙一章17節のみことばから福音を再発見したと言われ、この「ツァディーク」が鍵語になりました。岩波訳は「義」という字に「ただしい」という読みをつけています。「義」は神の性質であり、それが喜びの根拠です。その「義」は救いにつながります。新改訳「救いを賜り」、フランシスコ会訳「救いをもたらし」は、新共同訳では「勝利を与えられた者」、岩波訳では「勝利を得る者」となっています。「勝利を与えられる」というのは個人の力、正しさによってではなく、神の正しさ、神の義によってであることが、ここからわかります。

「柔和」と訳されているのはヘブル語の「アーニー」で、七十人訳では「プラーユス」です。「プラーユス」はマタイの福音書五章5節、一一章29節、二一章5節において、イエス・キリストの性質や信仰者のあり方を表すために用いられています。

「陶器師」と「銀三十」

一一章13節

〈新改訳〉

主は私に仰せられた。「彼らによってわたしが値積もりされた尊い価を、陶器師に投げ与えよ。」そこで、私は銀三十を取り、それを主の宮の陶器師に投げ与えた。

〈新共同訳〉

主はわたしに言われた。「それを鋳物師に投げ与えよ。わたしが彼らによって値をつけられた見事な金額を。」わたしはその銀三十シェケルを取って、主の神殿で鋳物師に投げ与えた。

〈岩波訳〉

そこでヤハウェが私に言われた、

「わたしが彼らによって値ぶみされたその輝かしい価を、職人に渡せ」。

私は銀三十〔シェケル〕を取って、ヤハウェの神殿で職人にそれを渡した。

〈フランシスコ会訳〉

主はわたしに仰せになった、「わたしの評価として彼らが付けたその高価な金額を鋳物師に投げ与えよ」。わたしは銀三十シェケルを取って、主の神殿の鋳物師に投げ与えた。

「陶器師」(新改訳)はシリア語訳では「財宝」、七十人訳は「炉」、ヴルガタ訳は「彫刻家」となっています。古代訳でかなり訳が変遷しています。「陶器師」は原語で「ヨーツェール」で、「財宝」(オーツァール)と読みが似ています。「財宝」には「金庫」「宝物倉」の意味があり、陶器師が財宝を入れるための陶器を提供していたことからこの読み替えが起こったとする見方があります。四つの日本語訳はいずれも「ヨーツェール」を採用して訳しています。

牧者としての神ご自身が「彼らによってわたしが値積もりされた尊い価」(新改訳)は銀三十でした。マタイの福音書二七章6―9節において、イエスがユダによって引き渡された後の出来事が、エレミヤの預言の成就として記されているなかに、「陶器師」「金庫」「銀三十」という語句を見ることができます。

「恵みと哀願の霊」「感動と感銘の霊」……

一二章10節

〈新改訳〉

わたしは、ダビデの家とエルサレムの住民の上に、恵みと哀願の霊を注ぐ。彼らは、自分たちが突き刺した者、わたしを仰ぎ見、ひとり子を失って嘆くように、その者のために嘆き、初子を失って激しく泣くように、その者のために激しく泣く。

〈新共同訳〉

わたしはダビデの家とエルサレムの住民に、憐れみと祈りの霊を注ぐ。彼らは、彼ら自らが刺し貫いた者であるわたしを見つめ、独り子を失ったように嘆き、初子の死を悲しむように悲しむ。

〈岩波訳〉

そしてわたしは、ダビデの家とエルサレムの住民の上に恵みと祈りの霊を注ぐ。彼らは、自分たちが刺し貫いた者のことでわたしを仰ぎ見て、独り子〔の死〕を悼むように嘆き悲しみ、初子〔の死〕を悼むように激しく泣き叫ぶ。

〈フランシスコ会訳〉

わたしはダビデの家とエルサレムの住民の上に憐れみと祈りの霊を注ぐ。彼ら自らが刺し貫いた者であるわたしを仰ぎ見、ひとり子のために嘆くように、彼のために嘆き、初子のために泣くように、彼のために激しく泣く。

「恵みと哀願の霊」（新改訳）の部分は四つの翻訳共に、違った訳になっています。「恵み」と

「哀願」は同じ語源からつくられたことばです。カール・エリガー（ATD旧約聖書註解26）は「この表現形式は、別々の主語を考えて、『（神が与える）恵みと（人間が求める）祈願』と訳すのを禁じるものである」とし、「感動と感銘の霊」と訳しています。

「自分たちが突き刺した者」（新改訳）は、後に来る「わたし」と同一人物であるように訳しています。新共同訳とフランシスコ会訳も同様の解釈ですが、岩波訳だけが、「自分たちが刺し貫いた者のことで」と、「わたし」とは別人である可能性を残した訳になっています。

本節の後半では、新改訳とフランシスコ会訳は「その者のために」「彼のために」と訳出しています。岩波訳は「独り子」「初子」の後に（の死）を補っています。これは原文にはないことばです。七十人訳は「ひとり子」を「愛されている友人」（アガペートン）と訳しています。「激しく泣く」（新改訳）の動詞は不定詞ですが、四つの訳とも文意が通るように訳しています。こうして見てみると、聖書翻訳では、原文に忠実に訳すと同時に、聖書の使信をより正確に伝える工夫があちこちになされていることがわかります。

マラキ書

執筆年代と著者について

マラキ書の正確な年代を決定づけるものは見つけにくく、この書の中から推定するしかありません。

一章8節に使われている「総督」という語は、ほぼ捕囚後の書物に限定されているため、捕囚後の時代であると考えられます。ハガイ書一章1節ではゼルバベルを表すために、ネヘミヤ記五章14節ではネヘミヤの階級を表すために用いられています。

また、当時すでに神殿が再建されており、礼拝が形式化されていました（マラキ一10、三1、10）。イスラエルは宗教的熱心を失い、祭司は堕落し、離婚と異邦人との雑婚がはびこり、神殿のためのささげ物も惜しみました。これらのことは、エズラやネヘミヤが問題とした点と類似しています。

こうしたことから、おおよそ前四六〇年ごろかその前後に書かれたと推定されます。

「マラキ」（一1）は「わたしの使者」という意味で、ここ以外には三章1節に登場します。固有名詞とも普通名詞ともとれることばで、七十人訳では普通名詞ととっています。旧約のほかの箇所に出てこないことなどから、固有名詞ではないと考える人も多いようです。また、預言者の名前によくついている「～の子」または「預言者」という説明がないため、マラキを名前と考えないようです。

タルグムでは律法学者エズラの称号であるとしているようですが、これにも確証はありません。「マラキ」が一人の人物の名前なのか、特性を示しているだけなのか、それとも称号なのか、それは確定できませんが、一人の預言者を通して神が語られたことに違いはありません。そ殿と祭儀に関心をもち、神の民の内的状態を憂慮しました。イスラエルの民が真の礼拝を守る民であることを願い、神のことばを語りました。

エサウとヤコブへの神の思い

一章4―5節

「たといエドムが、
『私たちは打ち砕かれた。
だが、廃墟を建て直そう』と言っても、

万軍の主はこう仰せられる。
『彼らは建てるが、わたしは打ちこわす。
彼らは、悪の国と言われ、
主のとこしえにのろう民と呼ばれる。』
あなたがたの目はこれを見て言おう。
『主はイスラエルの地境を越えて偉大な方だ』と。」

一章2―5節においては、イスラエルに対する神の不変の愛が語られています。神はイスラエルをバビロンの捕囚から解放し、エルサレムに帰還させ、神殿を再建させせました。しかし、神に対する民の感謝の気持ちは忘れ去られ、宗教的には神に対する熱い思いはなく、社会的にも乱れていました。マラキはその民に向かって、神の愛を思い出させせようと語り始めます。

マラキが最初に取り上げたのは、エサウとヤコブでした。エサウは長子の権利をもちながら、軽はずみにヤコブにそれを売ってしまいました。しかし、神が「わたしはヤコブを愛した」（一2）のは、ただ恵みのゆえでした。にもかかわらず、神の愛を忘れてしまったために捕囚を経験することになりました。マラキはまずそれを思い起こさせます。そのうえで、エサウの子孫であるエドムは「廃墟を建て直そう」と言ってもできないと宣言します（同4節）。ここにヤコブとエサウに対する神のみこころが示されています。「悪の国」（新改訳）は「悪の境界、領土、地域」の意味です。

「とこしえにのろう民」の「のろう」は旧約聖書中一一回用いられており、マラキ書ではここだけです（民数二三7、8、イザヤ六六14、ミカ六10、ゼカリヤ一12、詩篇七11（12）、箴言二二14、二四24、ダニエル一一30、箴言二五23）。神の怒りを表す語として用いられ、ここではイスラエルとエドムに向けられた神の思いの違いを印象づけています。

「私たち」と「ただひとりの父」「ただひとりの神」

二章10節

〈新改訳〉

私たちはみな、
ただひとりの父を持っているではないか。
ただひとりの神が、私たちを創造したではないか。
なぜ私たちは、互いに裏切り合い、
私たちの先祖の契約を汚すのか。

〈新共同訳〉

我々は皆、唯一の父を持っているではないか。
我々を創造されたのは唯一の神ではないか。

なぜ、兄弟が互いに裏切り
我々の先祖の契約を汚すのか。
〈岩波訳〉
われわれには皆、ただ一人の父がいるではないか。
ただ一人の神が、われわれを創造されたではないか。
なぜ、われわれはお互いに裏切りあって、
われわれの先祖たちの契約を冒瀆するのか。
〈フランシスコ会訳〉
わたしたちみなに、
　ただひとりの父がいるのではないのか。
ただひとりの神が、
　わたしたちを創造したのではないのか。
なぜ、わたしたちは互いに裏切り合って
　先祖の契約を汚すのか。
まことの神への愛を忘れてしまったイスラエルの民に対する、嘆きと戒めのことばがつづられている箇所です。その最も大きな根拠は、イスラエルの民をお造りになった、ただおひとりの神を忘れているということです。新改訳は「私たちはみな」を、フランシスコ会訳は「わたしたちみなに」で改行していますが、BHSではここに改行はされていません。フランシスコ会訳はさらに「ただひとりの神が」を一行にすることで、「わたしたち」と「ただひとりの父」「ただひとりの神」との関係が感じとれるような訳に仕上げています。また、四つの訳とも、同じことばを繰り返し用いており、パラレリズムを意識した訳にしています。

七十人訳では主語は二人称複数に変わっています。1—9節では主語が二人称複数だったので、その流れを汲んだのかもしれません。「互いに裏切り合い」の部分は、「互いに見捨て合い」と、動詞の解釈も変わっています。このように七十人訳はかなり自由に翻訳しています。

結婚と離婚

二章15—16節
〈新改訳〉
神は人を一体に造られたのではないか。彼には、霊の残りがある。その一体の人は何を求めるのか。神の子孫ではないか。あなたがたは、あなたがたの霊に注意せよ。あなたの若い時の妻を裏切ってはならない。
「わたしは、離婚を憎む」とイスラエルの神、主は仰せられる。「わたしは、暴力でその着物をおおう」と万軍の主は仰せられる。あなたがたは、あなたがたの霊に注意せよ。裏切ってはならない。

〈新共同訳〉

主は、霊と肉を持つひとつのものを造られたではないか。そのひとつのものが求めるのは、
神の民の子孫ではないか。あなたたちは、自分の霊に気をつけるがよい。

あなたの若いときの妻を裏切ってはならない。

わたしは離婚を憎むと
イスラエルの神、主は言われる。

離婚する人は、不法でその上着を覆っていると
万軍の主は言われる。

あなたたちは自分の霊に気をつけるがよい。

あなたたちは裏切ってはならない。

〈岩波訳〉

ヤハウェは一つのものとして創造し、
肉と霊を与えたではないか。

その一つのものとは何か。

子孫が神を求めること〔ではないか〕。

あなたがたは自分の霊に気をつけるがよい。

――あなたの若いときからの妻を裏切ってはならない――／
まことにヤハウェは離婚を憎まれる。
――イスラエルの神ヤハウェは〔こう〕言われた――
その者は、暴虐をその衣服で覆い隠している。
――万軍のヤハウェは〔こう〕言われた――
あなたがたは自分の霊に気をつけるがよい。
あなたがたは裏切ってはならない。

〈フランシスコ会訳〉


主は、ただ一つのものを造られたのではないか、
命の息と肉とを。

その一つのものは何を求めるのか、神の子孫である。

だから、お前たちの命の息に注意せよ。

お前は若い時の妻を裏切ってはならない。

「わたしは離婚を忌み嫌う」

　とイスラエルの神、主は仰せになる。

「それは外套のように暴虐で自分を覆うもの」

　と万軍の主は仰せになる。

お前たちの霊に注意せよ、裏切ってはならない。

15節は難解な箇所です。まず、「神」「主」「ヤハウェ」と訳されているのは、動詞の主語が三人称単数であるためです。新改訳で「霊の残り」と訳されている箇所は、ほかの三つの訳では「残り」の母音を読み替えて「肉」と訳しています。フランシスコ会訳は他の訳で「霊」と訳されている「ルーァハ」を「命の息」と訳しています。新改訳で「一体」と訳されているのは「エハード」で、「一つ」の意味です。何を指しているのか不明ですが、結婚問題を語っているため、創世記二章の「一体」ととらえています。

「わたしは、離婚を憎む」(16節)の部分は、動詞は三人称単数ですが、岩波訳以外は一人称単数に読み替えています。この読み替えはBHSの提案によるもので、続く定型句を念頭に置いています。「イスラエルの神」は、マラキがここだけで用いている呼び名です。

神によって造られた人間、その人間が結婚によって一つに結び合わせられること、そして、その家族が離婚によって壊されてはならないこと、これらの箇所には、イスラエルに与えられた神の教えの大事な部分が詰まっています。その内容に異議を唱えた人が、聖書本文の筆写の際に本文を傷つけたと考える人もいるほどです。

「わたしの使者」

三章1節

〈新改訳〉

「見よ。わたしは、わたしの使者を遣わす。
彼はわたしの前に道を整える。
あなたがたが尋ね求めている主が、
突然、その神殿に来る。
あなたがたが望んでいる契約の使者が、
見よ、来ている」と万軍の主は仰せられる。

〈新共同訳〉

見よ、わたしは使者を送る。
彼はわが前に道を備える。
あなたたちが待望している主は
突如、その聖所に来られる。
あなたたちが喜びとしている契約の使者
見よ、彼が来る、と万軍の主は言われる。

〈岩波訳〉

見よ、わたしはわが使いを遣わす、彼はわが前に道を整え

る。
あなたがたが求めている主は、不意にその聖所に来られる。
あなたがたが望んでいる、契約の使いが来る、見よ、彼は〔必ず〕来る。
――万軍のヤハウェは〔こう〕言われた――
〈フランシスコ会訳〉
「見よ、わたしの前に道を備える、
わたしの使者をわたしは遣わす。
お前たちの求めている主は、突然、その神殿に来られる。
お前たちが望んでいる契約の使者が来ようとしている」
と万軍の主は仰せになる。

「わたしの使者」は「マラーキー」で、一章1節のマラキと同じですが、ここでは普通名詞と解釈され、具体的にだれなのかは明らかにされていません。主に先立ってイスラエルの民のところに遣わされ、大事なメッセージを伝える役目を担っている人で、「契約の使者」であるとされていますが、はっきりしたことはわかりません。内容から考えて、祭司の団体を代表する人物か、メシア的な人物かもしれません。「主」と訳されているのは神聖四文字ではなく、「アードーン」で、「万軍の主」の「主」(ヤハウェ)とは別の語です。「アードーン」は「主人」という意味ですが、フランシスコ会訳は期待されるメシアを指していると解釈しています。この節はイザヤ書四〇章3節、マルコの福音書一章3節、ヨハネの福音書一章6節などを想起させます。

さばきの宣告

三章5節

〈新改訳〉

「わたしは、さばきのため、
あなたがたのところに近づく。
わたしは、ためらうことなく証人となり、
呪術者、姦淫を行う者、偽って誓う者、
不正な賃金で雇い人をしいたげ、
やもめやみなしごを苦しめる者、
在留異国人を押しのけて、
わたしを恐れない者たちに、向かう。
――万軍の主は仰せられる――

〈新共同訳〉

裁きのために、わたしはあなたたちに近づき直ちに告発する。
呪術を行う者、姦淫する者、偽って誓う者
雇い人の賃金を不正に奪う者
寡婦、孤児、寄留者を苦しめる者
わたしを畏れぬ者らを、と万軍の主は言われる。
〈岩波訳〉
裁きのためにわたしはあなたがたに近づき、
呪術者、姦淫を犯す者、偽証する者、
雇い人の賃金をかすめる者、
寡婦、孤児、寄留者を虐げる者、
彼らはわたしを恐れないが、
わたしはためらわず証人となる。
——万軍のヤハウェは〔こう〕言われた——
〈フランシスコ会訳〉
「裁きのために、わたしはお前たちに近づく。
ためらうことなく証人となる。
魔術を行う者、姦淫する者、偽りの誓いを立てる者、

また、不正な賃金で、他国の者とやもめと孤児を虐げ、
わたしを恐れない者に対して、
わたしは、ためらうことなく証人となる」
と万軍の主は仰せになる。

この節は、主のさばきの日の様子を主ご自身が語っているところで、各翻訳に工夫が見られます。「呪術者、姦淫を行う者、偽って誓う者」（新改訳）の部分は原文では「バメカシエフィーム・ウバメナアフィーム・ウバニシェバーイーム」と韻を踏んでいます。似たような響きのことばを重ねることで、主のさばきを受ける対象である人々のイメージが強くされています。岩波訳とフランシスコ会訳はそれを意識しているのかもしれません。

「わたしは、ためらうことなく証人となり」（新改訳）の部分は各翻訳に違いが見られます。新共同訳は「直ちに告発する」と、厳しいことばを使っています。岩波訳は最後のほうに訳しており、全体の述語としています。フランシスコ会訳は初めと終わりに二回訳し、同じフレーズを繰り返しています。

「――万軍の主は仰せられる――」（新改訳）は原文では「アーマル・ヤハウェ・ツェバーオート」の三語です。新改訳と岩波訳は長いダーシュ（二字分棒）を使って前の部分と区別していますが、BHSには区切りはありません。岩波訳は過去形に訳していますが、この動詞はカル完了形です。主はすでに語り終えられたとも、今、みことばを味わっている人々に語っておられると

も、どちらにも取れるのです。

「神のものを盗む」

三章8節

「人は神のものを盗むことができようか。
ところが、あなたがたは
わたしのものを盗んでいる。
しかも、あなたがたは言う。
『どのようにして、
私たちはあなたのものを盗んだでしょうか。』
それは、十分の一と奉納物によってである。」

ここでは、イスラエルの民がささげ物を惜しんでいることを厳しく指摘しています。「人は神のものを盗むことができようか」（新改訳）で「盗む」と訳されていることばは、ここ以外には箴言二二章23節だけに用いられています。直訳では「人は神を盗んでいいのか」となります。「盗む」は、「力ずくで奪い取る」という強い意味をもっていることばです。

「人」は「アーダーム」で、土の塵から造られた被造物を示しているので（創世二7）、その人が神のものを盗むというのは罪の大きさを十分に表現しています。この「盗む」の子音を入れ替えて読み替えると、他の訳のように「欺く、偽る、裏をかく」という意味になります。これは「ヤコブ」に通じることばで、七十人訳もこちらに訳しています。これは後半に「十分の一と奉納物」(新共同訳)が出てくるのを意識しているせいかもしれません。

「記憶の書」

三章16節

〈新改訳〉

そのとき、

主を恐れる者たちが、互いに語り合った。

主は耳を傾けて、これを聞かれた。

主を恐れ、主の御名を尊ぶ者たちのために、

主の前で、記憶の書がしるされた。

〈新共同訳〉

そのとき、主を畏れ敬う者たちが互いに語り合った。主は耳を傾けて聞かれた。神の御前には、主を畏れ、その御名を思う者のために記録の書が書き記された。

〈岩波訳〉
その時、ヤハウェを畏れる者たちは、互いに語り合った。そしてヤハウェは耳を傾け、
〔それを〕聞かれた。
ヤハウェを畏れ、その名を重んじる者たちのため、記録が、その前で書き記された。
〈フランシスコ会訳〉
その時、主を畏れる者は互いに語り合った。
主は耳を傾けて聞いておられた。
主を畏れる者のために、またその名を尊ぶ者のために、
み前で記録の書が書き記された。

「神に仕えるのはむなしいことだ」（三14）と考える人とは違って、「主を恐れる者たち」は主が知ってくださっているとの確信をもっているということがここで語られています。新改訳は五行に訳していて、そのうち四行は「主」が冒頭に置かれています。新改訳では「恐れる」、他の三つの訳では「畏れる」が使われています。「恐れる」は恐怖を、「畏れる」は畏怖の念を連想させます。人間をお造りになった主に対して、ただ単に畏怖の念を覚えるというよりも、あまりに大きな存在であるがゆえに恐怖を覚えるほうが自然でしょう。

その「恐ろしい」対象である主が、「主の御名を尊ぶ者たち」を「記憶の書」に記してくださいました。「記憶の書」と同様の表現は、旧約聖書では「あなたの書」（詩篇五六8）、「あなたの

書物」（出エジプト三二32、詩篇一三九16）、「いのちの書」（詩篇六九28、イザヤ四3）などがあります。「記憶の書」は、マラキだけが用いている表現です。フランシスコ会訳は「記録の書」と訳して、「神の手元にあって、人の善業悪行が記録された総決算の書の意味」であるとしていますが、はっきりしたことはわかりません。「いのちの書」は新約聖書にも用いられています（ピリピ四3、黙示録一三8、二〇15）。

主の教えを思い起こす

四章4節

〈新改訳〉

あなたがたは、
わたしのしもべモーセの律法を記憶せよ。
それは、ホレブで、イスラエル全体のために、
わたしが彼に命じたおきてと定めである。

〈新共同訳〉（三22）

わが僕モーセの教えを思い起こせ。
わたしは彼に、全イスラエルのため

ホレブで掟と定めを命じておいた。

〈岩波訳〉（三22）

あなたがたは、わが僕モーセの律法を思い起こせ、
それは、ホレブで全イスラエルに向けて、
わたしが彼に命じた、
掟と定めである。

〈フランシスコ会訳〉（三22）

お前たちはわたしの僕、モーセの律法を思い起こせ。
ホレブ山でイスラエル全体のために、
わたしがモーセに命じた掟と定めを。

マラキ書四章は、ＢＨＳや新改訳以外の邦訳では三章19節以下になります。四章4節は三章22節になります。ここはマラキ書の結論の部分で、主の教えを思い起こせ、と語られています。「モーセの律法を記憶せよ」の「記憶せよ」という表現は申命記に繰り返し用いられています（申命五15、七18、八2、18、九7、27、一五15、一六3、12、二四9、18、22、二五17、三二7）。これは律法の文字を暗記することが命じられているというよりも、その律法をお与えになった主を、主の愛を「思い起こし」「想起」してほしいという願いが込められています。

新改訳、岩波訳、フランシスコ会訳で「律法」、新共同訳で「教え」と訳されているのは「ト

ーラー」です。マラキ書ではここ以外に四回用いられています（二6、7、8、9）。マラキが四章4節で語っているのは「真理の教え」（二6）です。詩篇一一九篇にはこのトーラーを愛し、慕い求める人の幸いな告白がつづられていますから、あわせて読むとよいでしょう。

また、詩篇百五十篇のかなめである、詩篇一篇2節の「まことに、その人は主のおしえを喜びとし、昼も夜もそのおしえを口ずさむ」に通じます。

最後の四章5―6節ではエリヤの到来が約束され、神のおしえ（トーラー）と神の遣わされる人に目を注ぐようにという励ましのことばで、十二小預言書は閉じられます。

おもな参考文献

浅野順一『イスラエル豫言者の神学』一九五五年、創文社
鍋谷堯爾「預言書について」、『新聖書注解　旧約4』一九七四年、いのちのことば社
ヘッシェル『イスラエル預言者』〈上・下〉一九九二年、教文館
フォン・ラート『旧約聖書神学Ⅱ　イスラエル預言者的伝承の神学』一九八二年、日本基督教団出版局
宮本久雄『ヘブライ的脱在論』二〇一一年、東京大学出版局

おもな各巻注解

『新聖書注解　旧約1〜4』いのちのことば社
鍋谷堯爾「イザヤ書」、『新聖書注解　旧約3』一九七五年、いのちのことば社
鍋谷堯爾『イザヤ書注解』〈上・下〉二〇一四年、いのちのことば社
安田吉三郎「エレミヤ書」、『新聖書注解　旧約4』一九七四年
服部嘉明「エゼキエル書」、『新聖書注解　旧約4』
鈴木昌「ホセア書」「ヨエル書」「アモス書」「オバデヤ書」「ヨナ書」「ミカ書」、『新聖書注解　旧約

4』
千代崎秀雄「ナホム書」「ハバクク書」「ゼパニヤ書」「ハガイ書」「ゼカリヤ書」「マラキ書」、『新聖書注解　旧約4』

ティンデル聖書注解

アレック・モティア『イザヤ書』二〇〇六年、いのちのことば社
R・K・ハリソン『エレミヤ書、哀歌』二〇〇五年、いのちのことば社
ジョン・B・テーラー『エゼキエル書』二〇〇五年、いのちのことば社
デイヴィッド・アラン・ハバード『ホセア書』二〇一〇年、いのちのことば社
デイヴィッド・アラン・ハバード『ヨエル書、アモス書』二〇〇八年、いのちのことば社
デイヴィッド・W・ベーカー、T・デズモンド・アレクザンダー、ブルース・K・ウォルトキー『オバデヤ書、ヨナ書、ミカ書』二〇〇六年、いのちのことば社
デイヴィッド・W・ベーカー『ナホム書、ハバクク書、ゼパニヤ書』二〇〇七年、いのちのことば社
ジョイス・G・ボールドウィン『ハガイ書、ゼカリヤ書、マラキ書』二〇〇五年、いのちのことば社

ATD旧約聖書註解

O・カイザー『イザヤ書1〜12章』ATD旧約聖書註解17、一九八〇年
O・カイザー『イザヤ書13〜39章』ATD旧約聖書註解18、一九八一年
クラウス・ヴェスターマン『イザヤ書40〜66章』ATD旧約聖書註解19、一九九七年
A・ワイザー『エレミヤ書1〜24章』ATD旧約聖書註解20、一九八五年
A・ワイザー『エレミヤ書25〜52章』ATD旧約聖書註解21、二〇〇五年
ワルター・アイヒロット『エゼキエル書 上』ATD旧約聖書註解22、一九八八年
ワルター・アイヒロット『エゼキエル書 下」ATD旧約聖書註解23、一九九五年
A・ヴァイザー『十二小預言書 上』ATD旧約聖書註解25、一九八二年
カール・エリガー『十二小預言書 下』ATD旧約聖書註解26、一九八四年

あとがき

二〇〇五年に鍋谷先生の『詩篇を味わう』をお手伝いさせていただいてから、もう十年がたちました。先生の発想はいつも、とてもユニークで、その都度、どんな形になるのだろうとワクワクしながらお手伝いしています。今回はなぜか、私には荷が重いし、先生も本気でおっしゃっていないだろうと考えていました。それがいつの間にか出版に至っているというのは、いつもながらの鍋谷マジックだと思います。また、いのちのことば社の方々のアドバイスとご協力には感謝の念が堪えません。

今回、私が担当したのは小預言書の部分です。ヨエル書、オバデヤ書、ナホム書、ゼパニヤ書、ハガイ書は先生が書かれた原稿を整理しました。ホセア書、アモス書、ヨナ書、ミカ書、ハバクク書、ゼカリヤ書、マラキ書は、重要と思われる箇所を選んで、新改訳、新共同訳、岩波訳、フランシスコ会訳を比較しました。

今回比較した四つの翻訳はともにBHS（ビブリア・ヘブライカ・シュトゥットガルテンシア）を底本にしていますが、その翻訳には特徴があります。新改訳は「トランスペアレント（透けて見える）」な訳を願い、原文の形や言い回しを残した訳、ややぎこちない訳を取り入れています。

新共同訳は「ダイナミック・イクィバランス（動的等価訳）」の理論を用い、礼拝にふさわしい気品のある日本語を目指しています。岩波訳は翻訳者名が公表されています。また、ヘブル語原典に従った範囲と配列を基礎とし、表記もヘブル語のひびきを生かしています。フランシスコ会訳は一九四三年にピオ十二世が、聖書研究の奨励に関する回勅の中で「信者のために、また、神の言葉がよりよく理解されるために、直接原文からの」聖書翻訳を勧めたところから始まりました。しかし、カトリック教会では一五六五年のトリエント公会議でラテン語ヴルガタ聖書が最終権威とされていたため、ヴルガタや七十人訳の影響を受けています。

翻訳の違いは、主に、原典への忠実さを取るか、読みやすさ、わかりやすさを取るかによって出てきます。日本語としては不自然でも、かえって想像力を駆り立てられるケースもあれば、よくこの表現を見つけてきたと思えるような味のある翻訳もあります。ラテン語やギリシャ語聖書の翻訳を重視するために、原典とは違った意味を採用しているケースもあります。翻訳を比較することで、多様な翻訳が互いに補完し合っていることがわかります。

現在、本文研究はさらに進みＢＨＱ（ビブリア・ヘブライカ・クインタ）として分冊で出版されています。聖書翻訳は本文が確定していないうえに、時代や地域に合わせる必要のあるたいへん困難な仕事です。しかし、世界中で、日本中で、多くの方が翻訳事業に関わっておられ、ＢＨＱを底本にした新しい日本語訳聖書を目にする日もそう遠くないようです。

「預言書」と聞くと難しいイメージがありますが、「ここはこの訳のほうがふさわしいのではないか」と自由に発想をふくらませて味わってみてください。一つのみことばでも、そんなふうに味わってみると、新しい世界が見えてくることを約束します。

二〇一五年八月

飛鷹美奈子

＊聖書 新改訳 ©1970, 1978, 2003 新日本聖書刊行会

預言書を味わう

2015年10月31日発行

著　者　鍋　谷　堯　爾
協　力　飛　鷹　美　奈　子

印刷・製本　モリモト印刷株式会社
発　行　いのちのことば社
164-0001 東京都中野区中野 2-1-5
TEL 03-5341-6920
FAX 03-5341-6921
e-mail：support@wlpm.or.jp
ホームページ http://www.wlpm.or.jp/

ISBN978-4-264-03447-6